*P*resented to

from

date

For Michal and Alexandra

Listen to that still, small voice
and you will know that what God
told you so long ago is so.

Copyright ©1997 by Educational Publishing Concepts, Inc., Wheaton, Illinois

Published by Concordia Publishing House
3558 S. Jefferson Avenue, St. Louis, MO 63118-3968
Manufactured in the United States of America

All rights reserved. No part of this publication may be reproduced, stored in a retrieval system, or transmitted, in any form or by any means, electronic, mechanical, photocopying, recording, or otherwise, without the prior written permission of Concordia Publishing House.

1 2 3 4 5 6 7 8 9 10   06 05 04 03 02 01 00 99 98 97

My BIBLE WORD BOOK

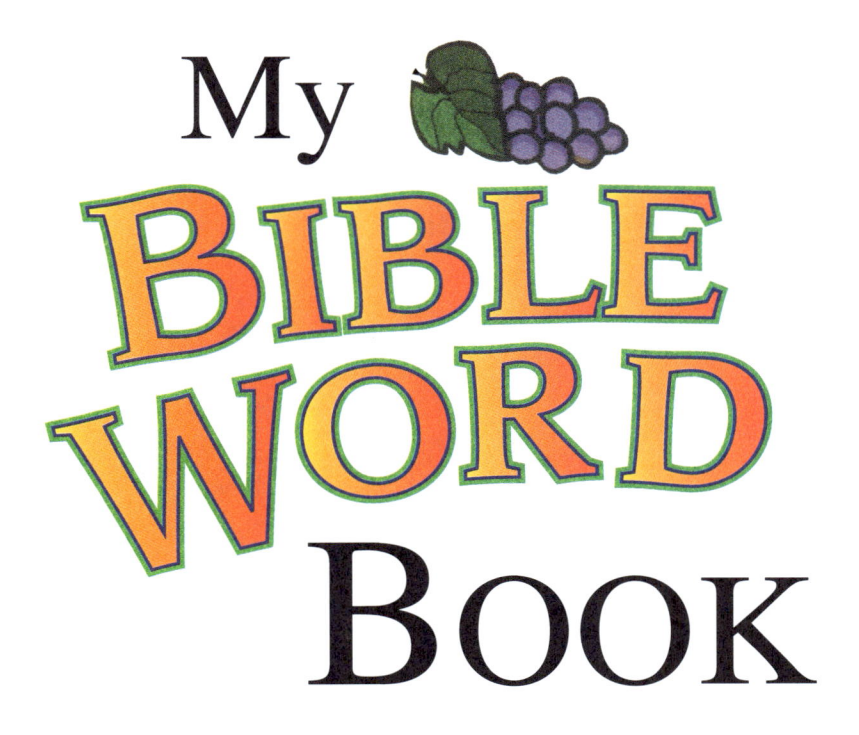

Ann Adams
Illustrated by Marlene McAuley

CPH
SAINT LOUIS

CONTENTS

Old Testament Stories

Creation
Adam and Eve
Noah's Ark
The Tower of Babel
Joseph's Coat
The Ten Commandments
Manna from Heaven
David and Goliath
Elijah and the Ravens
Jonah and the Big Fish

New Testament Stories

Baby Jesus Is Born
The Wise Men
The Marketplace
The Carpentry Shop
John the Baptist
The Fishermen
Jesus' First Miracle
Jesus Heals a Sick Man
Jesus Is Alive!
Words from Bible times
My Church Words

Introduction

It is in God's Word that we find His plan for our salvation through the life, death, and resurrection of His dear Son. *My Bible Word Book* will introduce your child to the beautiful words of life found in Scripture.

If your child is very young, simply read the Bible story together and let your child identify recognizable pictures. Talk about the things Jesus might have used and enjoyed when He was a little boy on earth. Identify the blessings God has given us that we enjoy today. As you carry your Bible to church, let your child carry *My Bible Word Book*. During the service quietly point to people and objects that are being mentioned in worship. After the service read those pages again with your child.

If your child is older, first read the story together and identify the pictures. Then read the story from the Bible. Praise God together for giving us His Word, especially the Living Word—His own Son Jesus who gave His life so that we might live forever.

CREATION

cloud
moon
shooting star
comet
star
Mercury
Venus
sun
mountains
ocean
island
Cecil
wave
bush
fish
lake

Long ago there was no world. Everything was dark and empty. Then God said, "Let there be light." And there was! God made the sun and the moon. He put the stars and planets in the sky. He made trees, rivers, birds, and even fish. Can you find other things that God made?

Did you find Cecil the tortoise? He's looking for some shapes that are hiding in God's creation. Will you help him?

flowers

Pluto
Neptune
Uranus
Jupiter
Mars
Saturn
sky
Earth
waterfall
tree
toucan
volcano
river
worm
dinosaur
monkey
grass
cactus
rectangle
cattails
triangle
lily pad
dirt

Adam and Eve

- Adam
- Eve
- pineapple
- pear
- apple
- pear tree
- snake
- lemon
- green beans
- roots
- fern
- cottontail rabbit
- carrots
- squirrel
- peanut plant
- pecans
- watermelon
- Paradise Garden
- cabbage
- radishes
- mushrooms
- asparagus
- turnips

God created the very first man and woman in His image. Adam and Eve lived in the beautiful Garden of Eden. God walked and talked with them every day. God told Adam to name all the creatures.

One day the devil, disguised as a snake, tempted Adam and Eve to disobey God. Adam and Eve both disobeyed. Now there was sin. The world was no longer a perfect place. But God promised that one day He would send His own Son to die on the cross to take the punishment for Adam and Eve's sins, and for ours.

Gardens are filled with delicious food to eat. Some vegetables grow under the ground. Can you find which ones? What kind of food grows on bushes? On vines? Uh-oh. Cecil is very hungry, but he is lost. Help him follow the right trail to his favorite dinner.

boysenberries
cherry
blackberries
weeping willow
raspberries
blueberries
fruit bat
peach pit
walnuts
leaf
almonds
grape vine
strawberry
signpost
cucumber
avocado
coconut

NOAH'S ARK

Adam and Eve had children. Their children had children. Soon there were many people on earth. But many of the people forgot about God. Only Noah and his family still loved God. God told Noah to build a big boat called an ark. God told Noah to take his family and two of every kind of animal into the ark.

For 40 days and 40 nights God sent rain to fall and cover the earth. But God kept Noah, his family, and the animals safe inside the ark. When the land was dry Noah's family and all the creatures came outside to live. God placed a beautiful rainbow in the sky as a promise that He would never send a flood to cover the whole earth again.

There are two of every animal but only one Cecil! Try to find another tortoise like him. Which animals like to swim? Which animal likes to jump? Which ones climb trees? If you could be an animal, which one would you be?

monkey
dove
wing
eagle
talon
giraffe
kangaroo
tail
bear
gorilla
horn
pouch
anteater
ark
rhinoceros
skunk
zebra
hoof
family
Noah
porcupine
antenna
ladybug
water bug
splash
grasshopper
caterpillar

The Tower of Babel

- igloo
- trees
- Irish setter
- lei
- Irish stew
- rung
- tower
- baseball cap
- bricks
- ladder
- straw
- chopsticks
- obi
- rice
- sushi
- kimono
- sarong
- Scottish terrier
- bagpipe
- kilt

Noah's family had children. Their children had children. Soon many people lived on earth again. They decided to build a splendid tower to please themselves instead of God. They wanted to live close to their high tower. But that was not God's plan. God gave the people different languages and scattered them near and far, all over the earth.

Still, today, people speak many different languages and live in many different places. Have you noticed that no one else looks exactly like you? God made you different because you are special. This picture shows food and homes and clothes that people enjoy all over the world. What kind of clothes is Cecil wearing?

tepee
cowboy
turban
hot dog
moccasin
pork and beans
lasso
campfire
boots
sombrero
spurs
German shepherd
tacos
ston
spaghetti and meatballs
wooden shoes

Joseph's Coat

stars · **sun** · **pyramid** · **desert** · **sand** · **backpack** · **pizza** · **cheese** · **bread** · **camel** · **apple**

Jacob was an old man when his wife Rachel gave birth to their son Joseph. Jacob loved this baby very much. When Joseph grew older, his father gave him a beautiful coat. Joseph's brothers were jealous. They sold their brother to some men who took Joseph away to Egypt.

But God took care of Joseph. Joseph's father and brothers became very hungry. Joseph forgave his brothers and his whole family came to live with him in Egypt. Joseph gave them plenty of food to eat.

God forgives us, because of Jesus, when we are jealous and hurtful. He gives us many blessings, including food to eat. Which foods may Joseph and his family have eaten? What do you like to eat? Which things would you find in Egypt? Could you see some of these things in other places?

Uh-oh! Cecil needs a drink of water. Can you lead him to the well?

moon
wagon
barn
donkey
cow
Pharaoh
sheaves
of wheat
Joseph
coat
goat
hamburger
pomegranate
bread
corn
grain
olives
well
Corn
corn
Flour
Seeds
sickle

The Ten Commandments

God chose Moses to lead His children from Egypt, where they had become slaves, to a new land, where they would be free. As they traveled through the desert, God gave His people a gift: Ten Commandments, or rules, to help them love Him and love one another. But God's people didn't follow His rules perfectly. They used their golden jewelry to make a pretend god. We can't keep God's rules perfectly either, but Jesus did it for us. And He helps us share His love now.

You had better help Cecil. He has to find a list of things in the desert before it gets dark. Help Cecil find:
1. Something that shines like a new penny.
2. Something that sparkles like the stars.
3. Something that glows like a firefly.

Manna From Heaven

As God's children traveled through the hot desert they grew tired and hungry. They complained to Moses and his brother Aaron that there was no food to eat. God heard their cries. Every evening God sent quail to their camp. And on every morning except the Sabbath, God rained bread called manna from heaven.

God told the people to gather just enough manna for each day. But on the sixth day they should gather twice as much so they could rest on the next day, which was called the Sabbath. Sunday is our Sabbath day. It is a day to praise God for all His blessings. We remember that God created the world in six days and rested on the seventh day. We especially thank Him for raising His Son, Jesus, from the dead on a Sunday morning.

What things would God's children have found in the desert? What do you like to do on Sunday? Uh-oh! Cecil is resting. The shell of a desert tortoise looks just like a rock. Can you spot him?

vulture

cross

Moses

grandfather
grandmother

church

Bible

mom

dad

Aaron

horsefly

children

manna

hymnal

quail
basket

DAVID AND GOLIATH

- helmet
- shield
- Goliath biggest
- breastplate
- fly
- army
- horse
- reins
- armor
- sword
- sling
- gnat
- ram
- bow
- arrow
- lamb

A young shepherd boy named David visited his three brothers who were fighting in King Saul's army. A fierce giant named Goliath made fun of God's people. "Choose a man to fight me," he called.

God's people were afraid. But young David said, "When a lion or a bear tries to hurt my sheep, God helps me kill them. He will help me kill this giant."

David knew God was with him. With a simple slingshot and a small stone, David struck the giant in the forehead. Goliath fell to the ground.

Cecil thinks he is big, but David is bigger. Who is the biggest of all? Goliath's feet are small compared to the rest of him, but someone has even smaller feet. Who is it? Who has the smallest feet of all?

Elijah and the Ravens

A bad king named King Ahab prayed to a false god. God sent His prophet Elijah to talk to the king. "Because you pray to an idol," Elijah said, "God has to punish you. It will not rain for a long time. There will be no water or food."

God kept Elijah safe. Elijah stayed by a clear little brook where he could get drinks of water. Every morning and evening, God sent black birds called ravens to feed Elijah. They carried bread and meat to him in their beaks. Elijah drank from the brook and ate the food. He thanked God for His goodness.

When you see a pretty river or stream, thank God for all the good things He gives you. What do you think Cecil wants to do?

groundhog
shadow
brook
raven
burrow
meat
Elijah
reeds
cattail
frog
bulrushes
prophet
fish
bug
polliwog
rock

robin
earthworm
baby birds
chrysalis
butterfly
rattlesnake
tree
Cecil
caterpillar
hummingbird
weeds

Jonah and the Big Fish

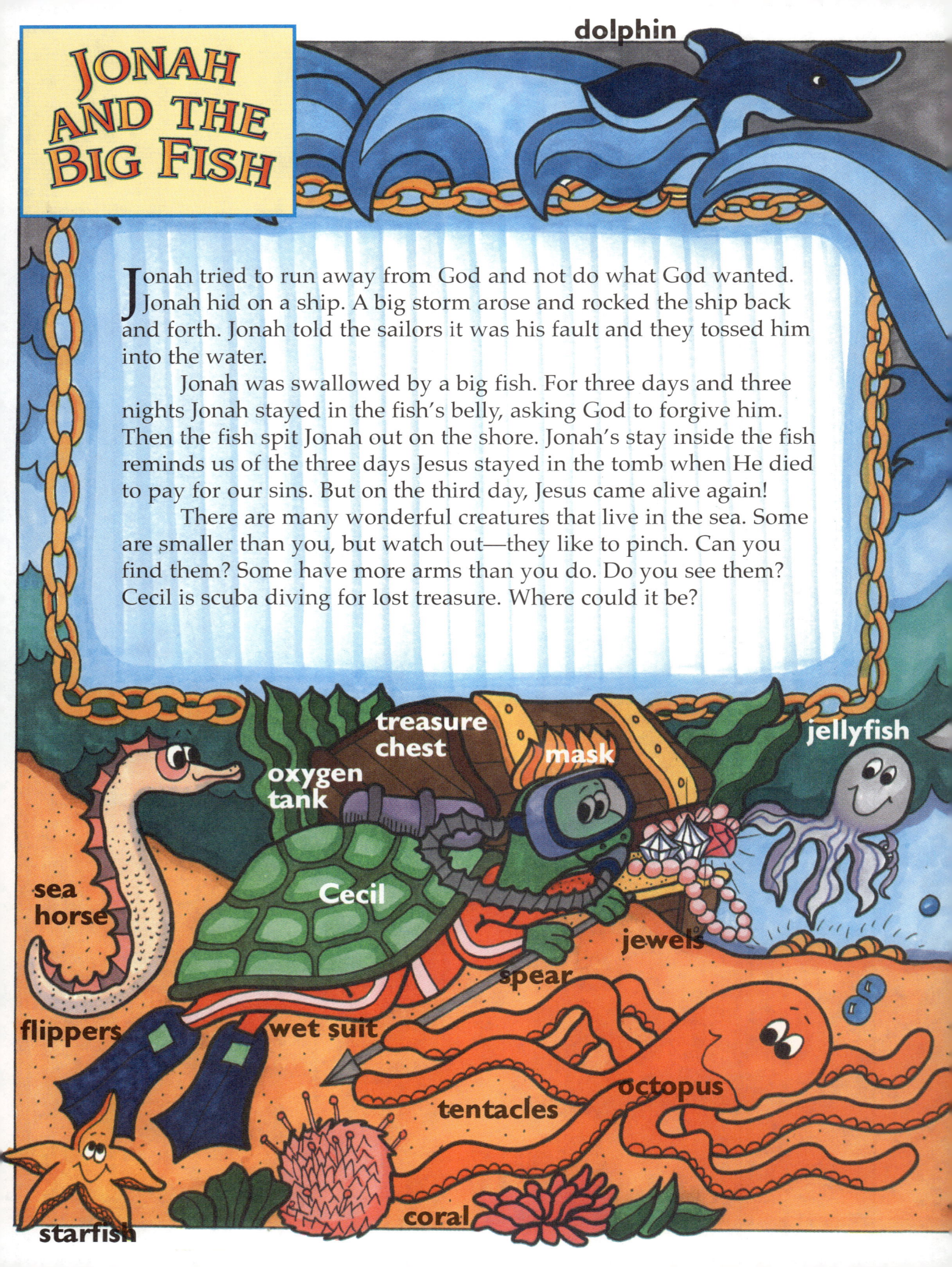

Jonah tried to run away from God and not do what God wanted. Jonah hid on a ship. A big storm arose and rocked the ship back and forth. Jonah told the sailors it was his fault and they tossed him into the water.

Jonah was swallowed by a big fish. For three days and three nights Jonah stayed in the fish's belly, asking God to forgive him. Then the fish spit Jonah out on the shore. Jonah's stay inside the fish reminds us of the three days Jesus stayed in the tomb when He died to pay for our sins. But on the third day, Jesus came alive again!

There are many wonderful creatures that live in the sea. Some are smaller than you, but watch out—they like to pinch. Can you find them? Some have more arms than you do. Do you see them? Cecil is scuba diving for lost treasure. Where could it be?

Jonah

ship

squid

ink

teeth

barnacles

crab

shark

fish

oyster

fin

shrimp

clam

claw

lobster

kelp

Baby Jesus Is Born

Bethlehem

dove

inn

staff

shepherd

ram

bull

cow

MOO! MOO!

calf

innkeeper

God knew the time was right to send His Son, Jesus, to earth to be our Savior. Mary and Joseph traveled to Bethlehem to sign their names in the king's book. They had no place to stay. An innkeeper let Mary and Joseph stay in his stable. That night baby Jesus was born.

Christmas is the day we celebrate Jesus' birthday. When is your birthday? When did you become God's special child in baptism? Look at all the families in this picture. Hurry and find them before they go to sleep. Where is Cecil and his family—Cindy, C.C., and C.J.?

The Wise Men

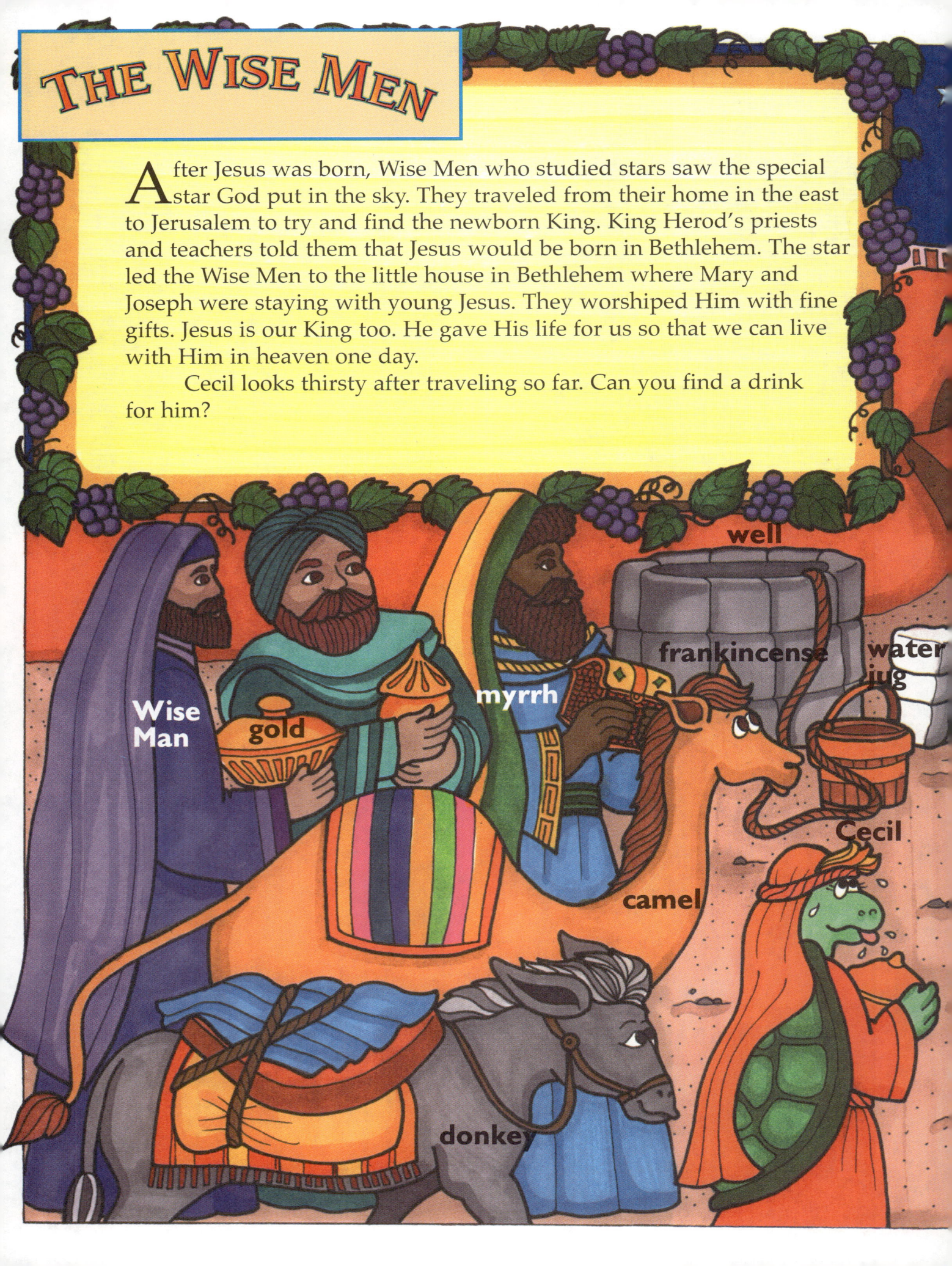

After Jesus was born, Wise Men who studied stars saw the special star God put in the sky. They traveled from their home in the east to Jerusalem to try and find the newborn King. King Herod's priests and teachers told them that Jesus would be born in Bethlehem. The star led the Wise Men to the little house in Bethlehem where Mary and Joseph were staying with young Jesus. They worshiped Him with fine gifts. Jesus is our King too. He gave His life for us so that we can live with Him in heaven one day.

Cecil looks thirsty after traveling so far. Can you find a drink for him?

star
comet
moon
house
Mary
Joseph
Jesus
road

The Marketplace

Nazareth
merchant
goat
kid
Mary
Joseph
Banana
Dates
Apple
Corn
Eggs
Flour
Grapefruit
Jug
Lemons
jug
Kumquats
Nuts
Honey
Milk
Onions
Potatoes
Rice
Tomatoes
Watermelon
bread
Yams
Zucchini
Vinegar olive oil

When Jesus was a boy He helped His parents and obeyed them. Joseph and Mary probably took young Jesus shopping in the marketplace when they needed to buy food. Do you see some of your favorite fruits and vegetables? Which things do you think Jesus might have liked best? What do you think Jesus learned when He went to school?

Cecil is trying to learn his ABCs. Help him by pointing out the letters of the alphabet as you say your ABCs.

The Carpentry Shop

When Jesus was a boy He probably helped His earthly father, Joseph, in his carpentry shop. They would cut wood and use tools to make tables and benches.

Cecil would like to build a house for his family, but he needs your help. Which tools are used to chop wood? Which ones cut? Which tools smooth the wood? Which ones measure?

What tools do you think Joseph and Jesus might have used? What tools would a carpenter use today?

John the Baptist

Jesus' cousin John told people, "Repent! Turn around! Tell God you are sorry for your sins. Your Savior is coming." John baptized so many people in the Jordan River that he was called John the Baptist.

One day Jesus came to the Jordan River and asked John to baptize Him. John said, "Oh, no. You should baptize me!" But Jesus said, "No, it is right for you to baptize Me."

Jesus and John stepped into the river and John baptized Him. At that moment, heaven was opened, and the Holy Spirit in the shape of a dove came down on Jesus. And everyone heard God the Father's voice say, "This is My Son, whom I love; with Him I am well pleased."

Water can remind you of your own baptism. Which things would Jesus have seen when He was baptized? Uh-oh, Cecil is getting all wet. What do you like to do when you play in the water?

dove

tree

John

water lily

Jesus

water

THE FISHERMEN

- seagull
- sunrise
- sandpiper
- lake
- girl
- boy
- fishing boat
- harpoon
- basket
- pelican
- dock
- mosquito
- Cecil
- oar
- fishing pole
- line
- reel
- life preserver
- bait
- dragonfly
- anchor
- bucket
- turtle
- boat

One day as Jesus walked beside the Sea of Galilee, He saw Simon and his brother Andrew casting their net into the lake. They were fishermen. With their large nets, they caught lots of tasty fish to eat. Jesus told them, "Come, follow Me, and I will make you fishers of men." Simon and Andrew left their nets and followed Jesus.

Jesus calls you to be a "fisher of men" too. That means you can tell everyone the Good News that Jesus died on the cross to pay the price for your sins.

Do you ever go fishing? What things would Jesus' disciples use for fishing? What would you use? Find some people whom you can tell about Jesus. What did Cecil catch?

Jesus' First Miracle

One day Jesus and His disciples went to a wedding in the town of Cana. Mary, Jesus' mother, was there too. Mary noticed that the wine was gone. She told the servants, "Do what Jesus tells you to do."

When the time was right, Jesus told the servants to fill six big jars with water. The servants filled the jars to the brim. Then Jesus said, "Let the man running the party taste it." Jesus had turned the water into wine!

Jesus did many miracles to share God's glory. When the time was right, He gave His own life on the cross to win us forgiveness for our sins.

Have you been to a wedding? What might Jesus have seen at a wedding when He lived on earth? What would you see today? What kind of an instrument is Cecil playing?

Jesus Heals a Sick Man

- sundial
- mat
- head
- eye
- shoulder
- bench
- toe
- chest
- Jesus
- arm
- Pool of Bethesda
- nose
- thumb
- knee
- mosaic
- hair
- leg
- stomach
- ankle
- wrist
- finger
- heel
- foot

There was a pool in Jerusalem called Bethesda. People who were sick waited by the pool. When God's angel came and stirred the water, the first person who went into the pool would be healed.

One day Jesus learned that a man had been lying paralyzed by the pool for 38 years! Jesus asked, "Do you want to get well?" The man said, "I have no one to help me into the pool. Someone else always gets there first." Jesus said, "Get up! Pick up your mat and walk." At once the man was well!

God gave you a special body. Your eyes see a cookie. Your nose smells it. Your tongue—yumm—tastes it. Your fingers touch it. What do your ears do? Your toes? How is your body different from Cecil's? How is it the same?

God promises to take good care of you when you are sick or hurt. He even sent His Son, Jesus, to take away the sickness of sin.

Jesus Is Alive!

rainbow
red
orange
yellow
green
blue
indigo
violet
sun
sunflower
bush
petunias
children
Jesus
roses
petal
grass

Jesus' enemies nailed Him to a cross. There Jesus died to take the punishment for our sins. How sad His friends were. But on Sunday morning God sent an angel to roll the stone away from the tomb. Jesus was alive! Because Jesus suffered and died for us, we enjoy new life with Him. One day we will live with Him in heaven.

Jesus loves you. Think how wonderful it will be to live in heaven with Him!

tree

daisies

bluebells   play   twig

stream

buttercups

tulips   snapdragon   geraniums

Words from Bible Times

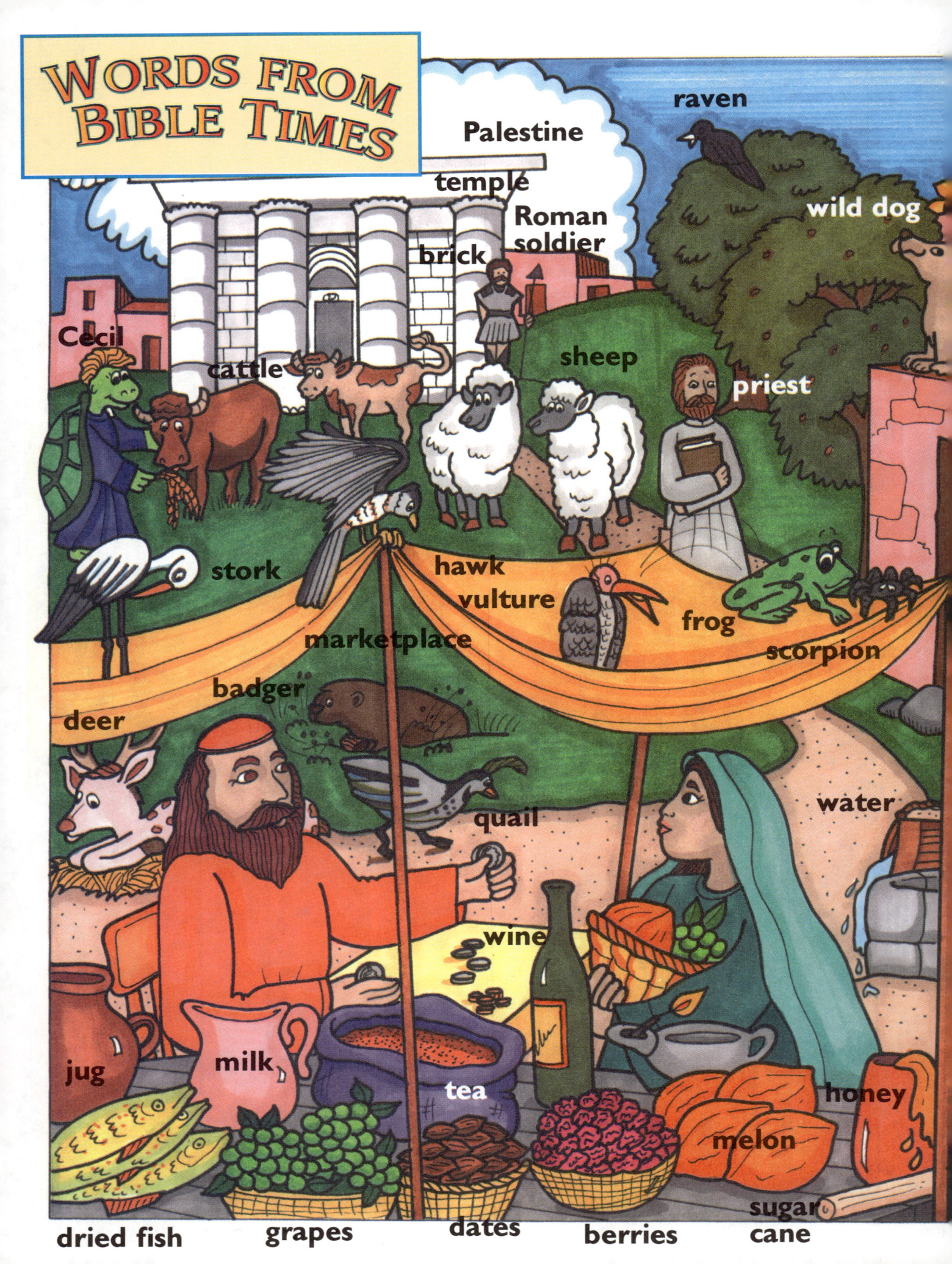

- Palestine
- raven
- temple
- Roman soldier
- wild dog
- brick
- Cecil
- cattle
- sheep
- priest
- stork
- hawk
- vulture
- frog
- marketplace
- scorpion
- badger
- deer
- water
- quail
- wine
- jug
- milk
- tea
- honey
- melon
- sugar cane
- dried fish
- grapes
- dates
- berries

- eagle
- Galilee
- cat
- leopard
- mat
- Sea of Galilee
- house
- Nazareth
- Jesus
- oven
- roses
- Jerusalem
- snake
- camel
- well
- mule
- donkey
- stone
- sandals

My Church Words

- stained-glass window
- choir
- organ
- organist
- guitar
- hymnal
- congregation
- offering envelope
- tambourine
- pew

- banner
- cross
- pastor
- candles
- lectern
- baptismal font
- altar
- Bible
- pulpit
- usher
- offering plate
- acolyte

1 Wortspiele 1

1

UNORDNUNG

ZEBRA

VERSTOPFUNG

ste(h)len

ANGST

MAGENBITTER   KNOPFE   REISSVERSCHLUSS

siegERPOdest

STÜTZE   PINGPONG   MAUSEFALLE

Punkte

BHEEN

VERLASSE   N

Farbi**g**er

AUT O M O BIL

Heiß GABEN d

FAL EN

                                             O

                LUFTBALL N

L

2   Du siehst: Das „Wortspiel" spielt mit Wörtern. Man zeigt *im* Wort und *mit* dem Wort, was es heißt. Das Wort *zeigt,* was es *sagt.*
Entwirf jetzt auch einmal, allein oder mit deinem Partner/deiner Partnerin, mit einigen der folgenden Wörter solche Spiele:

TREPPE, ZITTERN, DIEBSTAHL, EINDRUCK, EINDRUCKSVOLL, ABSTAND, LOCH, UNORDNUNG, HOCHSPRUNG, SCHMUGGEL, SCHATTEN, KILOGRAMM, OBEN, METRONOM usw.

Frage den Lehrer/die Lehrerin, was die Wörter bedeuten, oder suche sie im Wörterbuch. Vergleiche/-t dann deine/eure Wortspiele mit den Wortspielen deiner/eurer Mitschüler und denen von anderen Leuten (aus Büchern und Zeitschriften).
Was gefällt dir am besten?

3 Du kannst dir natürlich auch selbst Wörter suchen, mit denen du „spielst". Die Wörter findest du in deinem Lehrbuch oder im Wörterbuch.
Hier folgen ein paar Beispiele von niederländischen Schülern:

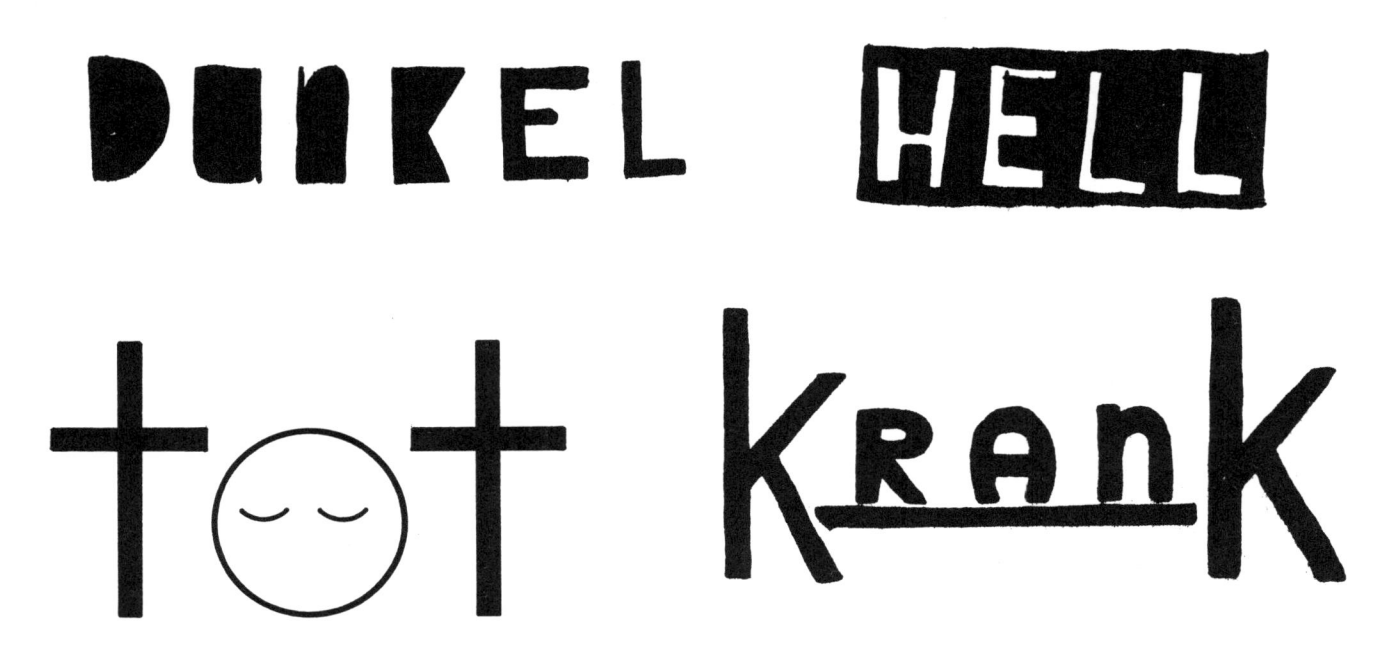

DUNKEL   HELL

tot   krank

4 Das ist viermal eine Gabel.

Wer kann die vier Gabeln am kürzesten beschreiben?

2 Ein schwieriger Kunde

1 Das hier sind Ansichtskarten aus verschiedenen Ländern. Solche Karten können Touristen in jeder Stadt auf der Welt kaufen.

Was sagt man, wenn man so eine Karte kaufen möchte?
Fülle bitte aus (wenn möglich auf deutsch):

Der Tourist (= der Kunde) sagt:	Der Verkäufer sagt:

Es folgt jetzt ein Gespräch. Jemand möchte eine Ansichtskarte kaufen.

Ein schwieriger Kunde

	KUNDE:	*Ich möchte eine Ansichtskarte haben.*
	VERKÄUFERIN:	*Dort drüben sind sie.*
	KUNDE:	*Wo?*
	VERKÄUFERIN:	*Können Sie die Karten nicht sehen?*
5	KUNDE:	*Da?*
	VERKÄUFERIN:	*Nein, nicht da. Dort!*
	KUNDE:	*Ah, dort. Jawohl.*
	VERKÄUFERIN:	*Diese Karte zum Beispiel ist doch sehr schön!*
	KUNDE:	*Die? Nein, die gefällt mir überhaupt nicht.*
10		*Die ist so romantisch. So fürchterlich romantisch.*
	VERKÄUFERIN:	*Da haben Sie schon recht.*
		Die ist romantisch, aber das ist doch schön?
	KUNDE:	*Viel zu viele Türme und viel zu viele Stufen.*
		Treppauf, treppab.
15		*Man sieht die Karte, und schon ist man müde.*
	VERKÄUFERIN:	*Oder die? Die ist gar nicht romantisch.*
		Die ist knallhart.
	KUNDE:	*Glauben Sie, ich bin blöd?*
		Ein Schuß genügt, und fünf Kinder haben keinen Vater mehr.
20	VERKÄUFERIN:	*Sie sind ein sehr schwieriger Kunde.*
	KUNDE:	*Ich bin nicht schwierig, aber Sie haben keine schönen Karten.*
	VERKÄUFERIN:	*Wie gefällt Ihnen diese Karte? Die ist nicht zu romantisch, aber auch nicht knallhart. Mir persönlich gefällt sie sehr gut.*
	KUNDE:	*Ihnen persönlich, das kann schon stimmen, aber nicht mir persönlich. Ich muß die Karte bezahlen und nicht Sie!*
	VERKÄUFERIN:	*Dort haben wir auch noch Karten. Gefällt Ihnen diese Karte?*
	KUNDE:	*Nein, gar nicht. Auf dieser Karte sind viel zu viele Kirchen.*
	VERKÄUFERIN:	*Wir haben in unserer Stadt viele Kirchen.*
	KUNDE:	*Das ist richtig, aber diese Karte geht an meinen Onkel,*
30		*und mein Onkel geht nicht gern in die Kirche.*
	VERKÄUFERIN:	*Es tut mir leid. Ich habe keine Zeit mehr für Sie.*
		Es stehen so viele Kunden im Geschäft und warten.
		Ihre Wünsche sind viel zu kompliziert.
	KUNDE:	*Halt, halt! Diese Karte nehme ich.*
35	VERKÄUFERIN:	*Endlich. Ich bekomme 50 Pfennig für die Karte.*
	KUNDE:	

Ekkehard Müller

2 Schreibe die Geschichte weiter. Vergleiche dann mit deinen Mitschülern.

3 Welche Stellen im Text „Ein schwieriger Kunde" habt ihr in Aufgabe 1 auf S. 8 schon genannt?
Bitte unterstreichen.

4 Auf diesen beiden Seiten findest du neun verschiedene Ansichtskarten. Welche passen zu dem Text „Ein schwieriger Kunde"?
Schreibe die Nummern der Postkarten in die Kästchen rechts auf S. 9.

5 Wie findest du die beiden Hauptpersonen?

schwierig unehrlich dumm klug gemein unfreundlich verrückt freundlich dumm ruhig

Der Kunde ist:

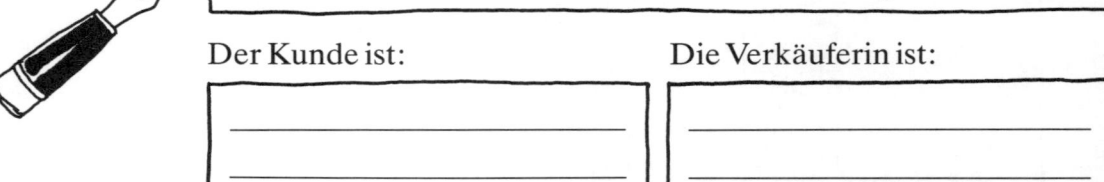

Die Verkäuferin ist:

a)

b) Gruß aus Hamburg

c)

d)

10

Der Autor Ekkehard Müller schreibt die Geschichte so zu Ende:

*50 Pfennig für diese Karte? Das ist viel zu teuer.
Dann schreibe ich lieber einen Brief.*

3 ichleseduliesterliestsielie
wirlesenihrlestsielesenSie

1

fünfter sein

**tür auf
einer raus
einer rein
vierter sein**

**tür auf
einer raus
einer rein
dritter sein**

**tür auf
einer raus
einer rein
zweiter sein**

**tür auf
einer raus
einer rein
nächster sein**

**tür auf
einer raus
selber rein
...**

Ernst Jandl

Der letzte Satz fehlt.
Bitte ausfüllen!

Lest das Gedicht laut.
Überlegt vorher, *wer* von euch *was* liest.
Am besten spielt ihr die Szene.

2 Wie geht die folgende Geschichte weiter?

12

schlechter lehrer

ich weiß daß ich nichts weiß
er weiß daß er alles weiß
er weiß daß ich nichts weiß
ich weiß daß er alles besser weiß

Manfred Hausin

Konjugation

Ich gehe
du gehst
er geht
sie geht
es geht.

Geht es?

Danke – es geht.

Rudolf Steinmetz

denk-spiel (nach descartes)

ich denke, also bin ich.
ich bin, also denke ich.
ich bin also, denke ich.
ich denke also: bin ich?

Timm Ulrichs

Zukunftsproblem

ich hatte nicht geschossen
ich habe nicht geschossen
ich schoß nicht
ich schieße nicht
werde ich nicht schießen
?

Fritz Viebahn

Wer bist du?
Wer bist du denn?
Bist du ein Roter?
Oder bist du ein Schwarzer?
Bist du vielleicht ein Grüner?
Ach was –
Du bist dabei.
Du gehörst zu uns.

W. Butzkamm

Demokratie

Ich will
du willst
er will
was wir wollen
geschieht
aber was geschieht
will keiner von uns.

Matthias Schreiber

Du gehst aus.
Er geht mit.
Ich gehe hoch.

W. Butzkamm

Du gehst fort.
Ich gehe kaputt.

Ich gehe kaputt.
Gehst du mit?

Jetzt dein Gedicht:

Lösung zu Nr. 1:
Der letzte Satz von „fünfter sein":
tagherrdoktor

Lösung zu Nr. 2:

4 Überraschungen an Ostern und Pfingsten

1

HASENBUCH

von K. F. Edmund von Freyhold
mit Versen von Christian Morgenstern
im Insel Verlag

Die Sonne geht im Osten auf,
der Osterhas beginnt den Lauf.
Um einen Korb voll Eier sitzen
drei Häslein, die die Ohren spitzen.

Der Osterhas legt just ein Ei –
da fliegt ein Schmetterling herbei.
Dahinter strahlt das blaue Meer
mit Sandstrand vorne rund umher.

Ich bin der Osterpostillion,
der Frühlingsgöttin treuster Sohn.

›Ein Ei bei jedem Blumenkelche!
Seht, seht, selbst hier, selbst dort sind welche!‹

2

Liebe Monique,

vielen Dank für Deinen Brief. Ich habe mich sehr gefreut, daß Du wieder gesund bist. Was wir an Ostern machen? Wir bleiben zu Hause. Ostern ist bei uns ein Familienfest. Meine kleine Schwester glaubt noch an den Osterhasen. Kennt man bei Euch auch den Osterhasen, der Eier legt?

Ich will es Dir sagen: Kinder glauben, daß an Ostern ein Osterhase kommt, der im Garten oder im Haus Eier versteckt (und Schokolade usw.). Die Eier sind alle bunt und schön bemalt. Die Kinder suchen die Eier und freuen sich, wenn sie ein Ei gefunden haben.

Schreibst Du mir bitte bald wieder? Und sage mir auch, ob es bei Euch auch einen Osterhasen gibt. Oder wer legt bei Euch die Eier?

Viele Grüße, auch an Deine Eltern

Deine Inge

3

Das steht im Lexikon:

Osterhase: Kinder glauben, daß ein Osterhase an Ostern Eier legt und versteckt. Es gibt einen Text aus dem Jahre 1638; da wird zum erstenmal von einem Osterhasen berichtet, der Eier legen kann.
Man weiß nicht genau, was diese Tradition bedeutet.
Bunte Hühnereier an Ostern gibt es schon seit dem 10. Jahrhundert und in vielen Ländern (zuerst in Deutschland und Polen).
An Ostern durften Hasen gejagt werden. Zum Festessen gab es auch oft Hasenbraten.
Vielleicht hat man den Hasen und die Eier aus Spaß in Verbindung gebracht. Es ist möglich, daß so die Geschichte vom Osterhasen entstand, der Eier legt und versteckt.

4

Franz Hohler, ein Schweizer Dichter, hat eine kleine Geschichte geschrieben. Sie heißt „Der Pfingstspatz".
Der Osterhase legt und versteckt an Ostern Eier. Was macht wohl der Spatz an Pfingsten?

_____
_____

5

Der letzte Satz in der Geschichte, die Hohler geschrieben hat, heißt:

Der Pfingstspatz ärgert sich jedes Jahr grün und blau über seine Erfolglosigkeit und ist sehr neidisch auf den Osterhasen, aber ich muß ehrlich sagen, das mit den Eiern finde ich auch die bessere Idee.

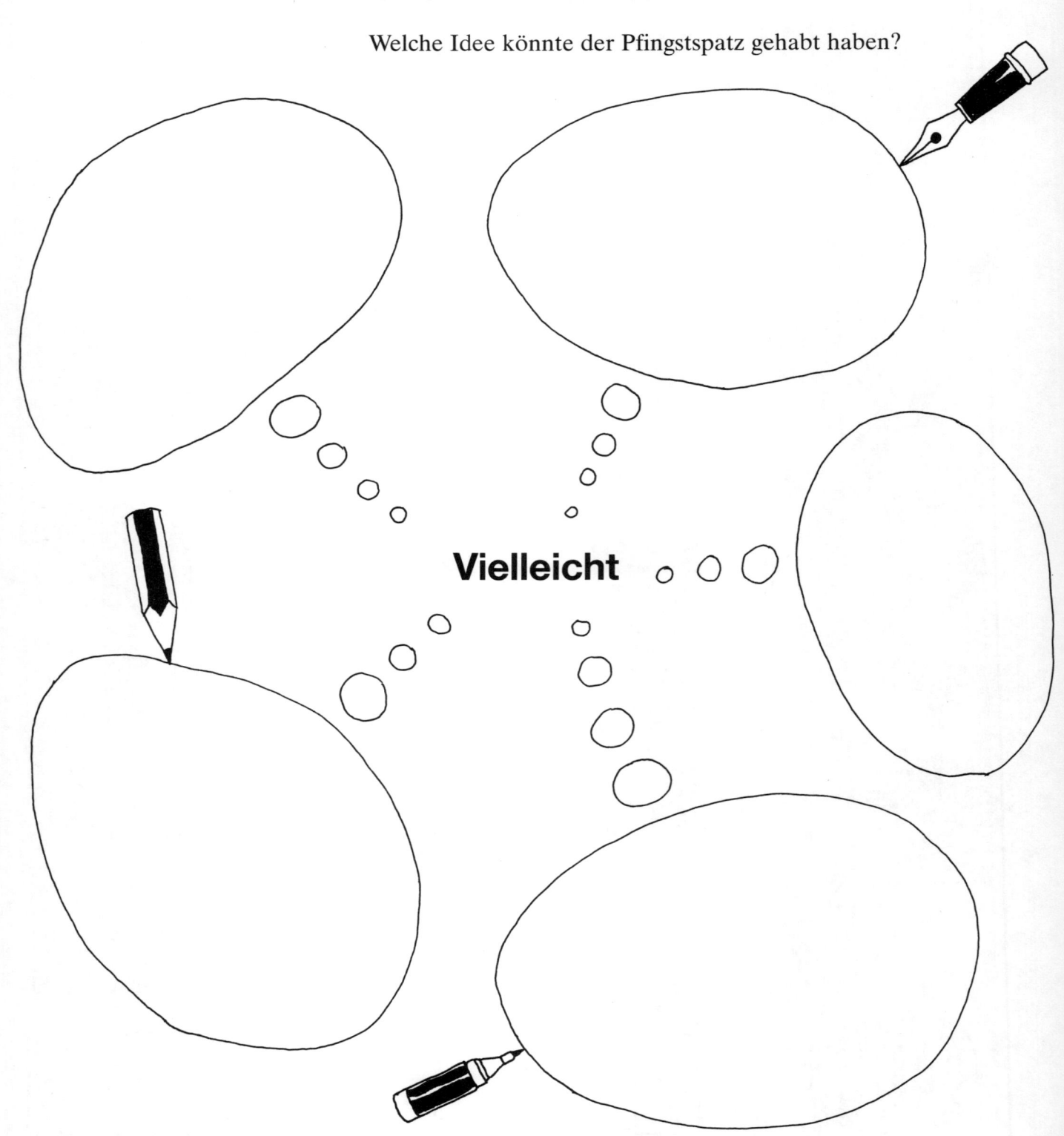

Welche Idee könnte der Pfingstspatz gehabt haben?

Vielleicht

6 Der Pfingstspatz

Viel weniger bekannt als der Osterhase ist der Pfingstspatz. Er legt allen Leuten am Pfingstsonntag ein Grashälmlein auf den Fenstersims, eines von der Art, wie er es sonst zum Nestbau braucht. Das merkt aber niemand, höchstens ab und zu eine Hausfrau, die es sofort wegwischt.

Der Pfingstspatz ärgert sich jedes Jahr grün und blau über seine Erfolglosigkeit und ist sehr neidisch auf den Osterhasen, aber ich muß ehrlich sagen, das mit den Eiern finde ich auch die bessere Idee.

Franz Hohler

Franz Hohler wurde 1943 geboren. Er macht viel Kabarett und schreibt Bücher für Kinder und Erwachsene. Hohler ist Schweizer und lebt in Zürich.

Hohler war mit seinen Kabarettsendungen schon oft im Fernsehen, in der Schweiz und in der Bundesrepublik. Es gibt auch Schallplatten von ihm.

5 Wörter raten

Dieses Spiel spielst du mit deinem Nachbarn. Jeder von euch bekommt vom Lehrer fünf deutsche Wörter, die ihr in diesem Buch schon kennengelernt habt; die Wörter darf euer Partner nicht sehen.

Du versuchst, die Wörter zu raten, die dein Nachbar bekommen hat – und umgekehrt; er muß deine Wörter raten. Ihr wißt nur, aus wie vielen Buchstaben ein Wort besteht. Du nennst einen Buchstaben; kommt er in dem Wort vor, sagt dir dein Partner, an welcher Stelle er steht. Dann ist dein Mitspieler an der Reihe; er nennt einen Buchstaben. So wechselt ihr euch ab.

Ein Beispiel: _____ = 8 Buchstaben.

Du weißt, daß das Wort deines Nachbarn aus acht Buchstaben besteht. Du nennst den Buchstaben E. Dein Partner sagt dir, daß das E an zweiter und an siebter Stelle steht, also: _E____E_.
Nachdem dein Nachbar geraten hat, bist du wieder dran: I. Du hast Glück, der Buchstabe steht an dritter und sechster Stelle, also _EI__IE_. Kannst du das Wort schon raten? – Dann bist du noch einmal dran: jetzt keinen Vokal mehr nehmen (da hast du schon vier), sondern es einmal mit einem Konsonanten versuchen, ein B. Wieder hast du Glück, es steht an erster Stelle: **BEI__IE_**. Jetzt kannst du vielleicht schon das Wort finden. Oder nicht? Du versuchst es dann wieder mit einem Konsonanten: **F**. Jetzt hast du falsch geraten, denn das Wort heißt **BEI_PIEL**. Steht der Buchstabe, den du genannt hast, nicht in dem Wort, beginnt dein Nachbar ein Gefängnis zu zeichnen; jeder falsche Buchstabe oder jedes falsch geratene Wort ergibt einen Strich. Insgesamt kannst du 16mal falsch raten, dann bist du gefangen und darfst nicht mehr raten.

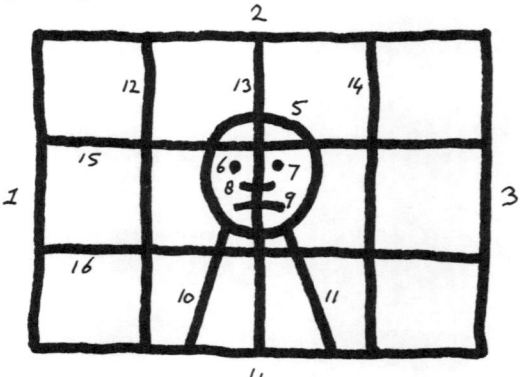

Wie viele Wörter hast du raten können? Wer hat gewonnen: du oder dein Mitspieler?

Denke daran, daß im Deutschen einige Buchstabenkombinationen wahrscheinlicher sind als andere; manche sind unmöglich. Auf ein **SCH...** kann zum Beispiel kein **B, C, D** usw. folgen.

6 In der Disco

1

Herr Müller: *Entschuldigen Sie, ist der Platz hier noch frei?*
Herr Meier: *Wie bitte? Ich kann Sie nicht verstehen.*
Herr Müller: *Ich habe Sie gefragt, ob der Platz noch frei ist.*
Herr Meier: *Bitte, was? Ist das laut hier!*
Herr Müller: *Ist der Platz hier frei?*
Herr Meier: *Frei? Ja, ja, der ist noch frei.*
Herr Müller: *Bitte? Nicht mehr frei?*
Herr Meier: *Doch, doch, frei, setzen Sie sich.*
Herr Müller: *Danke! Ist das laut hier!*
Herr Meier: *Was haben Sie gesagt? Ich verstehe Sie nicht – es ist so laut hier!*
Herr Müller: *Das sage ich ja!*
Herr Meier: *Was ist da?*
Herr Müller: *Ich sage nicht da, ich sage, es ist laut hier.*
Herr Meier: *Das sage ich ja auch.*
Herr Müller: *Das sagen Sie auch, richtig!*
Herr Meier: *Was ist wichtig?*
Herr Müller: *Nicht wichtig, richtig!*
Herr Meier: *Richtig, das ist nicht wichtig.*
Herr Müller: *Was ist nicht wichtig?*
Herr Meier: *Bitte? Nicht richtig?*
Herr Müller: *Tut das gut! Jetzt macht die Musik eine Pause. Wissen Sie, ich warte hier auf meinen Sohn, ich hole ihn ab. Ich verstehe nicht, wie man sich bei diesem Lärm amüsieren kann.*
Herr Meier: *Das verstehe ich auch nicht. Das ist ja furchtbar. Kopfschmerzen bekommt man davon.*
Herr Müller: *Mir tun auch schon die Ohren weh. Das ist nichts für unser Alter!*
Herr Meier: *Und wie die herumlaufen – einer schlimmer als der andere.*
Herr Müller: *Ja, ja. Das ist nicht mehr so wie früher. Walzer.*
Herr Meier: *Oder Tango.*
Herr Müller: *Ach, da kommt ja mein Sohn. Ach du lieber Himmel, wen bringt er denn da mit? Die sieht ja furchtbar aus – grüne Haare! Wie ein Zirkuspferd!*
Herr Meier: *Bitte? Ich verstehe Sie nicht. Das ist ja noch lauter als vor der Pause!*
Herr Müller: *Mein Sohn kommt, da ist mein Sohn.*
Herr Meier: *Ach, da ist ja meine Tochter! Da hat sie aber einen komischen Typen bei sich!*
Tochter: *Hallo, Pa, bist du schon da?*
Sohn: *Hallo, Papa!*

nach einer Idee von Ekkehard Müller

2 Spielt den Dialog zu zweit. Wenn ihr Mädchen seid, spielt „Frau Müller" und „Frau Meier".

3 Wir machen ein kleines Hörspiel: – Überlegt euch, welche Musik ihr aufnehmen wollt. – Welche Geräusche braucht ihr? – Gibt es einen Discjockey? Was sagt er? – Wollt ihr den Dialog ändern? Ihr könnt auch eine Szene erfinden, in der sich Tochter und Sohn unterhalten.

7 Ein Nachbar sagt

1

Ein Nachbar sagt zu dem Mann, Ihr Sohn hat den Reifen des Fahrrads meines Sohnes zerschnitten.
Haben Sie meinen Sohn beim Zerschneiden des Reifens beobachtet? fragt der Mann.
Nein, ich habe ihn nicht beobachtet, aber meine Frau hat gesehen, sagt der Nachbar, daß sonst niemand in der Nähe war.
Ich werde meinen Sohn fragen, sagt der Mann, ob er es gewesen ist.
Ich sagte Ihnen doch, sagt der Nachbar, daß Ihr Sohn es gewesen ist.

Hast du, fragt der Mann seinen Sohn, den Reifen zerschnitten?
Nein, sagt der Sohn.
…

Ja, so etwas kommt vor. Wie geht es weiter? Wähle: Sohn A oder Sohn B:

Dies ist Sohn A. Mit ihm geht die Geschichte so weiter:

_____
_____
_____
_____

Und dies ist Sohn B. Mit ihm läuft die Geschichte so:

_____
_____
_____
_____

2 So läßt die Autorin die Geschichte enden:

Hast du, fragt der Mann seinen Sohn, den Reifen zerschnitten?
Nein, sagt der Sohn.
Du sollst die Wahrheit sagen, sagt der Mann.
Ich habe den Reifen nicht zerschnitten, sagt der Sohn.
Ich frage dich noch einmal, sagt der Mann, hast du den Reifen zerschnitten?
Nein, sagt der Sohn.
Zum letzten Mal sage ich, sagt der Mann, du sollst die Wahrheit sagen.
Ich habe den Reifen nicht zerschnitten, sagt der Sohn.
Der Mann sagt zum Nachbarn, ich werde meinen Sohn so lange in seinem Zimmer einsperren, bis er die Wahrheit gesagt hat.

Elisabeth Borchers

Stell dir vor: Du bist der Sohn. Was tust du?

Jochen Unbehaun, geboren 1941 in Fulda. Er ist Lehrer und wohnt in Bardowick in Norddeutschland.

3

Mach Gehorsam dir zu eigen,
folge stets der Eltern Wort!
Wenn sie reden, sollst du schweigen,
sonst jagen dich die Alten fort.

Jochen Unbehaun

Hat dieses kleine Gedicht zu tun mit der Position des Vaters oder mit der Position des Sohnes?

„... sonst jagen dich die Alten fort." – Wie findest du das Gedicht?
– Meint der Dichter Jochen Unbehaun wirklich, was er sagt?

4 Jetzt du! Je phantasievoller, je besser!

Ein _____ sagt zu _____, _____ hat _____.

Haben Sie _____ beim _____ beobachtet? fragt der _____.

Nein, ich habe ihn nicht beobachtet, aber meine Frau hat _____ gesehen, sagt _____, daß sonst niemand in der Nähe war.

Ich werde _____ fragen, sagt _____, ob er es gewesen ist.

Ich sagte _____ doch, sagt _____, daß _____ es gewesen ist.

Hast du, fragt _____, den _____?

Nein, sagt _____.

Du sollst die Wahrheit sagen, sagt _____.

Ich habe _____ nicht _____, sagt _____.

Ich frage dich noch einmal, sagt _____, hast du _____?

Nein, sagt _____.

Zum letzten Mal sage ich, sagt _____, du sollst die Wahrheit sagen.

Ich habe _____ nicht _____, sagt _____.

_____ sagt zum _____, ich werde _____ so lange _____, bis _____ die Wahrheit gesagt hat.

*Elisabeth Borchers wurde 1926 in Homberg geboren. Sie hat einige Zeit in Frankreich und den USA gelebt. Heute lebt sie in Frankfurt am Main. Sie arbeitet für einen Verlag.
Sie schreibt Gedichte, Hörspiele und Kinderbücher.*

22

8 Wortspiele 2

1 Bei „Wortspiele 1" haben wir mit einem Wort gespielt. Jetzt wollen wir dir eine andere Möglichkeit zeigen:

Du kannst das Wort auch „malen", d. h. ein Bild von dem Wort machen. Dann gibt es WORTBILDER. Und du kannst WORTSPIELE und WORTBILDER miteinander verbinden, dann bekommst du WORTSPIELBILDER oder WORTBILDSPIELE oder SPIELWORTBILDER oder SPORTWIELBILDER – jetzt geht vor lauter Spielen schon alles durcheinander ...

F. K. Waechter

2 Versuche das auch einmal, allein oder mit deinem Partner/deiner Partnerin. Du kannst zum Beispiel folgende Wörter dazu gebrauchen: GIRAFFE, KAMEL, MEER, SONNE, HAUS, LIEBE, STADT, HUND pinkelt an BAUM, WOHNUNG.
Oder such dir selbst ein Wort.

Auf dieser Seite siehst du, was andere mit einigen dieser Wörter gemalt haben.

B. Garbe

BANK

ÜBER

FALL

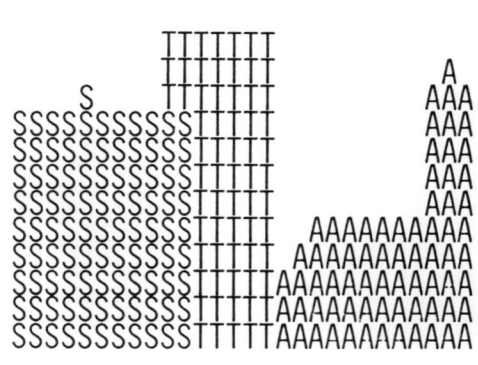

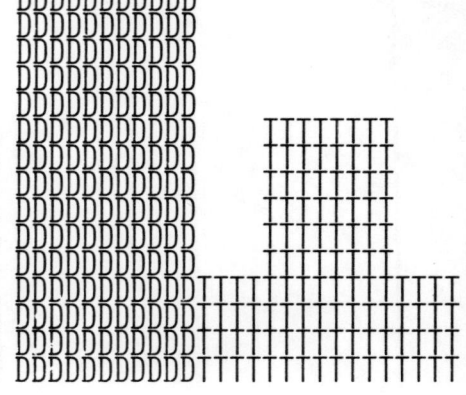

```
SCHLAFZIMMER FLUR WOHNZIMMERWOHNZIMMER
SCHLAFZIMMER FLUR WOHNZIMMERWOHNZIMMER
SCHLAFZIMMER FLUR WOHNZIMMERWOHNZIMMER
SCHLAFZIMMER FLUR WOHNZIMMERWOHNZIMMER BALKON
SCHLAFZIMMER FLUR WOHNZIMMERWOHNZIMMER BALKON
SCHLAFZIMMER FLUR WOHNZIMMERWOHNZIMMER BALKON
SCHLAFZIMMER FLUR WOHNZIMMERWOHNZIMMER BALKON
SCHLAFZIMMER FLUR WOHNZIMMERWOHNZIMMER BALKON
SCHLAFZIMMER FLUR WOHNZIMMERWOHNZIMMER BALKON
SCHLAFZIMMER FLUR  RUMPEL  MERWOHNZIMMER BALKON
SCHLAFZIMMER FLUR  KAMMER  MERWOHNZIMMER BALKON
SCHLAFZIMMER FLUR  RUMPEL  MERWOHNZIMMER BALKON
SCHLAFZIMMER FLUR  KAMMER  MERWOHNZIMMER
              FLUR  RUMPEL  MERWOHNZIMMER
KINDERZIMMER FLUR  KAMMER  MERWOHNZIMMER
KINDERZIMMER FLUR
KINDERZIMMER       FLURFLUR KÜCHEKÜCHEKÜCHEK
KINDERZIMMER       FLURFLUR KÜCHEKÜCHEKÜCHEK
BADEZIMMERBA      FLURFLUR KÜCHEKÜCHEKÜCHEK
BADEZIMMERBA               KÜCHEKÜCHEKÜCHEK
BADEZIMMERBADEZIMMERB      KÜCHEKÜCHEKÜCHEK
BADEZIMMERBADEZIMMERB      KÜCHEKÜCHEKÜCHEK
BADEZIMMERBADEZIMMERB      KÜCHEKÜCHEKÜCHEK
```

B. Garbe

B. Garbe

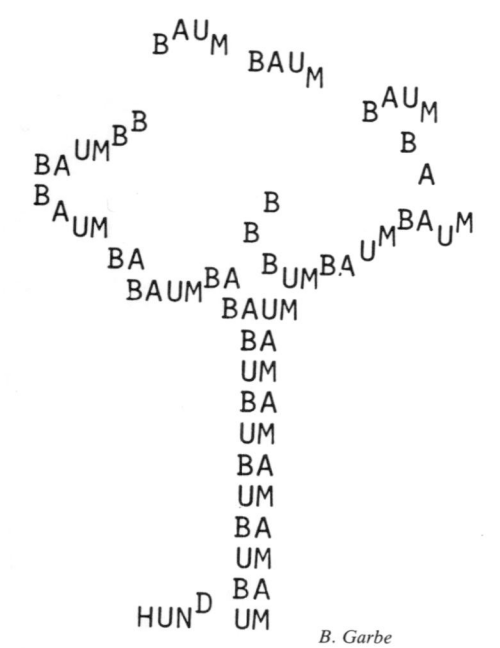

F. K. Waechter

9 Buchstabensalat 1

1 Bilde mit den folgenden Buchstaben einen Satz; die Buchstaben sind alphabetisch geordnet:

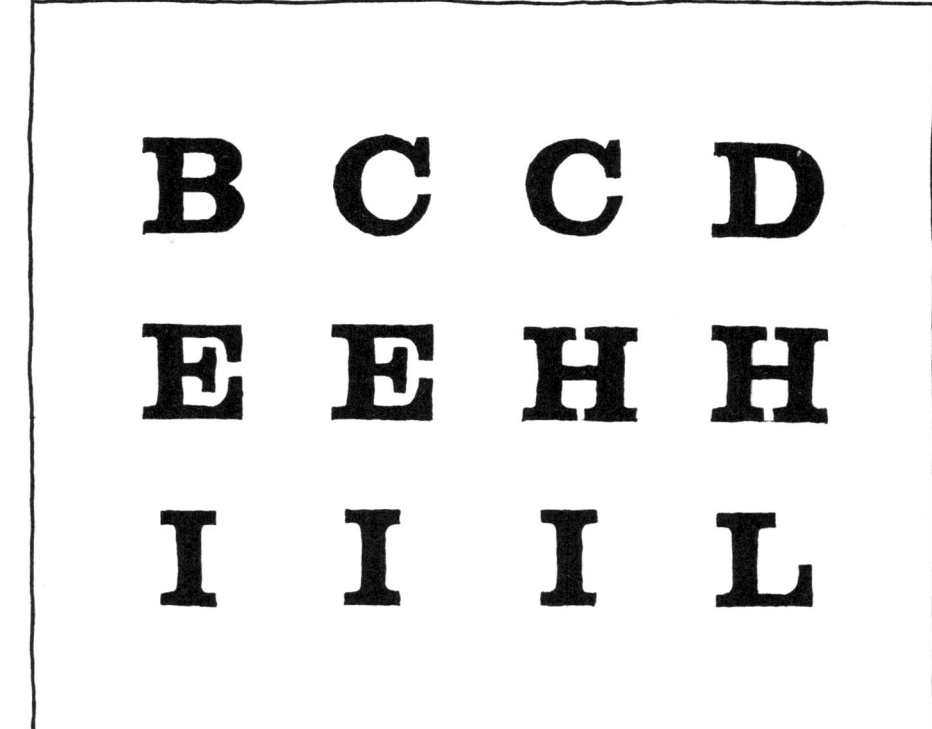

B C C D
E E H H
I I I L

2 Welche Buchstaben *müssen* im Deutschen mit welchen Buchstaben kombiniert werden? Mit welchen Buchstaben läßt sich ein „c" kombinieren? Welche Wörter entstehen?
Wie kann aus den Wörtern ein Satz gebildet werden, der einen Sinn ergibt?

Der Zug Alexanders

| 0 | 250 | 500 km |

···· heutige Staatsgrenzen

Makedonien — Pella, Alexandropolis, Schwarzes Meer, Troja, Ankyra, Athen, Ephesus, Gordion, TÜRKEI, Halikarnaß, Tarsus, Issos, Zypern, Mittelmeer, SYRIEN, Tigris, Gaugamela, Kaspisches Meer, Aralsee, Jaxartes, SOWJETUNION, Samarkand, Oxus, Tripolis, Sidon, Mesopotamien, Tyrus, Damaskus, Euphrat, Alexandria, IRAK, Hindukusch, AFGHANISTAN, Gaza, JORDANIEN, Babylon, Susa, IRAN, Helmand, Siwah, Memphis, Babylonien, See von Seistan, Indus, Ravi, Ägypten, Nil, Persepolis, Persis, PAKISTAN, Saudi-Arabien, Persischer Golf, Straße von Hormus, Karachi, Sindh, INDIEN, Indischer Ozean

10 Alexander der Große

1 Das steht in einem deutschen Geschichtsbuch. Lies den Text und versuche, die wichtigsten Informationen zu verstehen.

Alexander der Große wird 356 v. Chr. in Pella geboren und stirbt 323 v. Chr. in Babylon. Er ist der Sohn von Philipp II. und Olympia. Aristoteles, der berühmteste Philosoph der Zeit, ist sein Lehrer.
Von dem jungen Alexander gibt es viele Geschichten:
„König Philipp von Makedonien hatte ein schönes, wildes Pferd. Sein Name war Bukephalos. Die besten Reiter versuchten, auf ihm zu reiten. Aber das Pferd warf alle ab. Philipp wollte das Pferd wieder weggeben.
Da fragt Alexander seinen Vater: „Darf ich bitte noch einen Versuch machen?"
Der Vater sagt: „Also gut, aber sei vorsichtig!"
Alexander führt das Pferd gegen die Sonne. Er hat gemerkt, daß das Pferd Angst vor seinem eigenen Schatten hat. Alexander streichelt das Pferd und springt dann plötzlich auf den Rücken von Bukephalos. Blitzschnell rennt das Pferd davon. Alle denken, Alexander fällt vom Pferd. Aber Alexander kommt mit dem Pferd zurück. Philipp weint vor Freude. Er umarmt seinen Sohn und sagt: „Mein Sohn, suche dir ein anderes Königreich, Makedonien ist zu klein für dich!"
Und das macht Alexander. Nach der Ermordung seines Vaters (336) wird Alexander König von Makedonien. Im Jahre 334 beginnt er mit einem Heer von 350000 Soldaten den Krieg gegen die Perser. Alexander zieht durch Kleinasien nach Gordion.
In Gordion sieht Alexander einen Wagen. Das Holz ist mit einem Knoten fest angebunden. Niemand kann den Knoten öffnen. Ein alter Orakelspruch sagt: Wer den Knoten öffnen kann, wird der Herr von Asien. Erst kann auch Alexander den Knoten nicht öffnen. Da nimmt er sein Schwert und schlägt den Gordischen Knoten in zwei Teile.
In Issos schlägt Alexander den persischen König Dareios und wird König von Asien. Viele denken jetzt, Alexander ist ein Gott.
Alexander zieht weiter nach Ägypten und gründet 331 die Stadt Alexandria.
Bei Gaugamela siegt er wieder über ein großes Perserheer. Andere Städte betritt er kampflos: Babylon, Susa, Persepolis.
Er zieht weiter über den Fluß Jaxartes. Am Fluß Beas wollen seine Soldaten nicht mehr weiter (326). Alexander muß umkehren. Er segelt mit einem Schiff den Indus hinab und marschiert durch die Wüste Gedrosien.
In Susa heiraten 10000 makedonische Soldaten persische Mädchen. Alexander heiratet zwei schöne Prinzessinnen.
323 stirbt Alexander in Babylon an einer Krankheit. Seine Leiche wird später in Alexandria begraben.

2 Und was steht in deinem Geschichtsbuch über Alexander den Großen?
Schreibe auf, was in deinem Geschichtsbuch anders steht als in dem Text oben!

Das steht

in einem deutschen Buch

_____
_____
_____
_____
_____

in meinem Geschichtsbuch

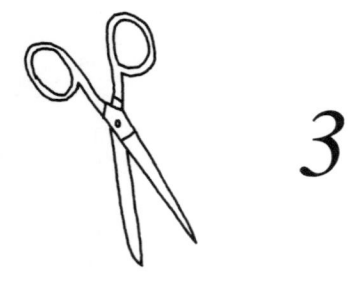

_____
_____
_____
_____
_____

3 Der Dichter James Krüss hat ein Gedicht geschrieben. Es heißt: „Der Kaiser Alexander". Leider sind alle Strophen durcheinander.
Welche Wörter kannst du nicht verstehen? Frage deinen Lehrer oder suche sie im Wörterbuch!
Schneide die Strophen aus und klebe sie in der richtigen Reihenfolge!

Er führte sie durch Wüsten
In unbekanntes Land,
Durch Sonne, Wind und Regen
Und manchen Feuersbrand.

Oft sagten die Soldaten:
„Die Füße tun uns weh!
Laß halten Alexander!"
Dann sprach der Kaiser: „Nee!"

Da nützten keine Ärzte
Und keine Arzenei.
Da war der Krieg zu Ende.
Da war der Traum vorbei.

Es trieb ihn immer weiter
Mit Krieg und Trommelspiel.
Doch kam er – wie so viele –
Am Ende nicht zum Ziel.

Der Kaiser Alexander,
Das war ein großer Mann.
Er führte die Soldaten
Als Kaiser selber an.

Das Kämpfen und das Siegen,
Das freute ihn gar sehr.
Er stahl sich fremde Länder
Und wollte immer mehr.

Der Kaiser Alexander

Da dachten die Soldaten,
Ein jeder still für sich:
„Auch Alexanders sterben!
Zum Glück für dich und mich!"

Nur vorwärts, immer vorwärts
Zog ihn sein stolzer Sinn.
Es wollte Alexander
Sogar nach Indien hin.

Er starb an einem Fieber
im alten Babylon.
Sehr fern von seinem Schlosse
Und fern von seinem Thron.

29

4

Hast du die richtige Reihenfolge gefunden?
Vergleiche jetzt das Gedicht mit den Informationen aus dem Geschichtsbuch. Was findest du bei James Krüss positiv oder negativ an Alexander?
Und was findest du in dem Geschichtsbuch positiv oder negativ an Alexander?

	James Krüss	**Geschichtsbuch**
positiv		
negativ		

Was fällt dir auf?

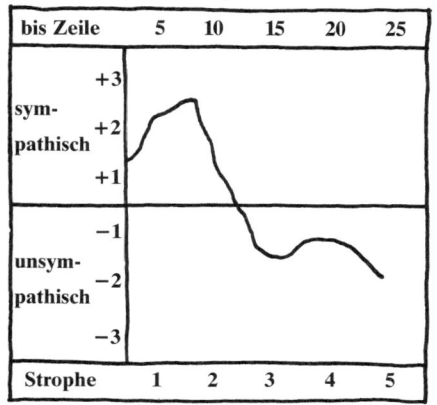

5 Wir zeichnen jetzt eine „Sympathiekurve" für Alexander im Geschichtsbuch (-------) und im Gedicht von James Krüss (———).
Die Sympathiekurve entsteht so:
Wenn Alexander sympathisch dargestellt wird, machst du bei SYMPATHISCH einen Punkt unter 1, 2 oder 3: 1 ist „ein bißchen sympathisch", 2 ist „sympathisch", 3 ist „sehr sympathisch". Wenn Alexander unsympathisch dargestellt wird, machst du bei UNSYMPATHISCH einen Punkt: −1 ist „ein bißchen unsympathisch", −2 ist „unsympathisch", −3 ist „sehr unsympathisch".
Bei dem Gedicht kannst du für jede Strophe einen Punkt geben. Bei dem Geschichtsbuch kannst du für jeweils alle fünf Zeilen einen Punkt geben. Wenn du die Punkte miteinander verbindest, entsteht eine Sympathiekurve. Die Punkte für Alexander im Geschichtsbuch verbindest du so: -------. Die Punkte für Alexander im Gedicht verbindest du so: ———. Zeichne zuerst die Kurve für das Gedicht.

So *kann* zum Beispiel die Kurve für die ersten fünf Strophen von dem Gedicht aussehen.

Meine Sympathiekurven für das Gedicht und den Text aus dem Geschichtsbuch:

bis Zeile		5	10	15	20	25	30	35	40	44
sympathisch	+3									
	+2									
	+1									
unsympathisch	−1									
	−2									
	−3									
Strophe		1	2	3	4	5	6	7	8	9

6 Der Autor, der den Text im Geschichtsbuch geschrieben hat, schreibt von Alexander und seinen Soldaten.
Wen findet er sympathisch?

Woran erkennst du das?

Der Autor, der das Gedicht geschrieben hat, schreibt auch von Alexander und seinen Soldaten.
Wen findet er sympathisch?

Woran erkennst du das?

7 In dem Gedicht heißt es in der letzten Strophe „**Auch Alexanders sterben**". „**Alexanders**" ist die Pluralform von Alexander.
An welche „**Alexanders**" denkst du?

8 **Oft sagten die Soldaten:
„Die Füße tun uns weh!
Laß halten Alexander!"
Dann sprach der Kaiser: „Nee!"**

So reden Alexander und die Soldaten miteinander im Gedicht.
In Wirklichkeit redet man so nicht miteinander.
Was haben die Soldaten vielleicht in Wirklichkeit zu Alexander gesagt und wie hat Alexander reagiert? (Schreib in deiner eigenen Sprache.)

Soldaten:	
Alexander:	

9 Welchen Text hast du mit mehr Spaß gelesen: den Text im Geschichtsbuch oder das Gedicht?
Warum?

*James Krüss, 1926 auf der Insel Helgoland geboren. War kurze Zeit Soldat und wollte dann Lehrer werden, schrieb aber Gedichte, Erzählungen, Hörspiele und Romane, fast alles für Kinder und Jugendliche.
Er lebt jetzt auf der Insel Gran Canaria.*

11 Wer ist das?

1 Kennst du diesen Jungen?

☐ Ja, er heißt _____

☐ Nein. (Denk dir bitte einen Namen für ihn aus).

_____

2 Was meinst du: Was ärgert vielleicht die Eltern dieses Jungen?

Bitte ausfüllen:

- ○ **Haare**
- ○ **Gesicht**
- ○ **Hände**
- ○ **Fingernägel**
- ○ **Kleidung**
- ○ **...........**

in Ordnung	nicht in Ordnung	warum nicht in Ordnung

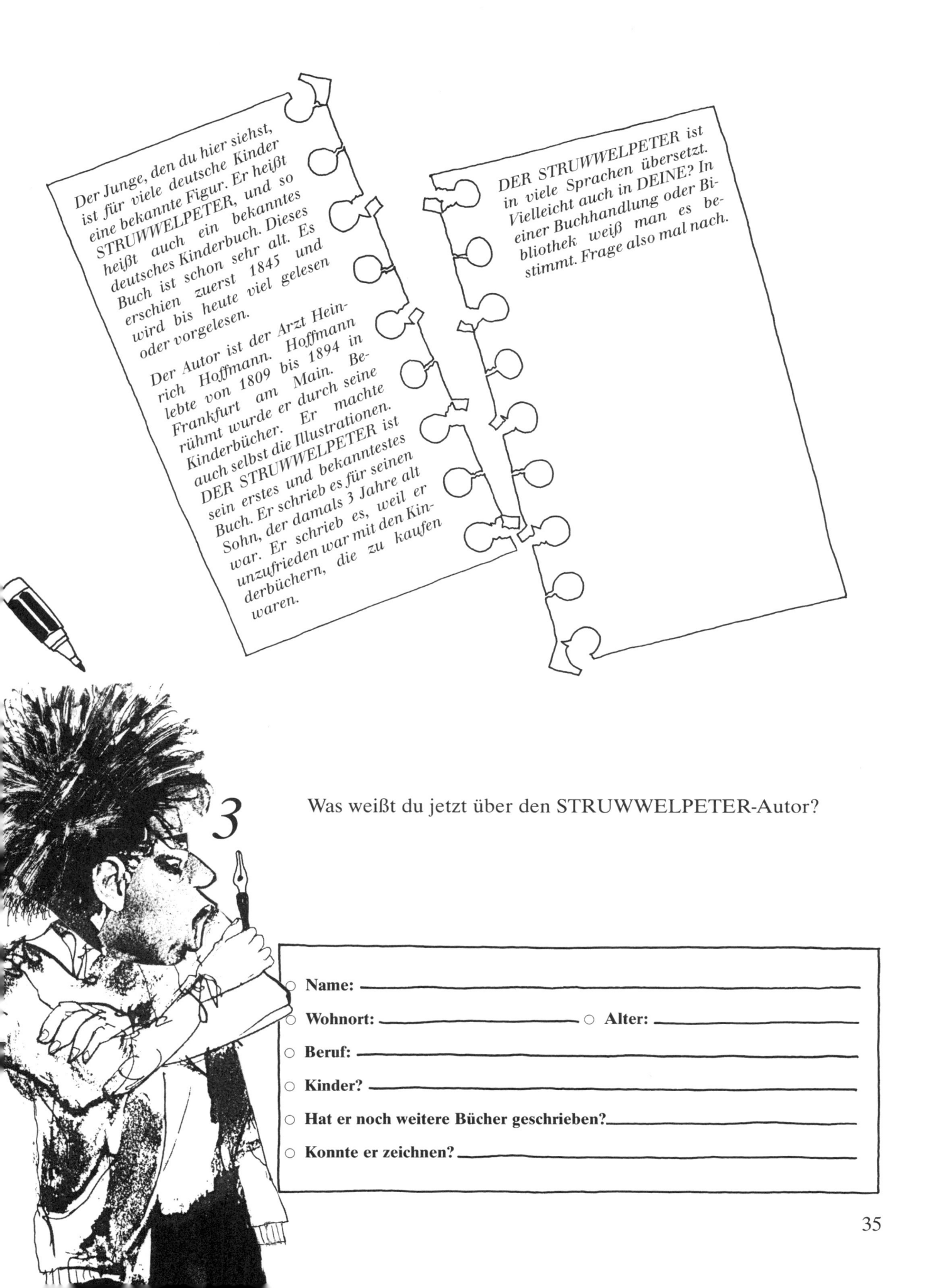

Der Junge, den du hier siehst, ist für viele deutsche Kinder eine bekannte Figur. Er heißt STRUWWELPETER, und so heißt auch ein bekanntes deutsches Kinderbuch. Dieses Buch ist schon sehr alt. Es erschien zuerst 1845 und wird bis heute viel gelesen oder vorgelesen.

Der Autor ist der Arzt Heinrich Hoffmann. Hoffmann lebte von 1809 bis 1894 in Frankfurt am Main. Berühmt wurde er durch seine Kinderbücher. Er machte auch selbst die Illustrationen. DER STRUWWELPETER ist sein erstes und bekanntestes Buch. Er schrieb es für seinen Sohn, der damals 3 Jahre alt war. Er schrieb es, weil er unzufrieden war mit den Kinderbüchern, die zu kaufen waren.

DER STRUWWELPETER ist in viele Sprachen übersetzt. Vielleicht auch in DEINE? In einer Buchhandlung oder Bibliothek weiß man es bestimmt. Frage also mal nach.

3 Was weißt du jetzt über den STRUWWELPETER-Autor?

- **Name:** ─────────────
- **Wohnort:** ───────── ○ **Alter:** ─────
- **Beruf:** ─────────────
- **Kinder?** ─────────────
- **Hat er noch weitere Bücher geschrieben?** ─────
- **Konnte er zeichnen?** ─────────

4 Im STRUWWELPETER kommen neben dem Jungen noch viele andere Personen vor, meist Kinder, die nicht sehr gehorsam sind. So z. B. in folgender Geschichte:

Die Geschichte vom Daumenlutscher

»Konrad«, sprach die Frau Mama,
»ich geh aus und du bleibst da.
Sei hübsch ordentlich und fromm,
bis nach Haus ich wieder komm.
Und vor allem, Konrad, hör!
lutsche nicht am Daumen mehr;
denn der Schneider mit der Scher
kommt sonst ganz geschwind daher,
und die Daumen schneidet er
ab, als ob Papier es wär.«

Fort geht die Mutter und
wupp! den Daumen in den Mund.

Bauz! da geht die Türe auf,
und herein in schnellem Lauf
springt der Schneider in die Stub
zu dem Daumen-Lutscher-Bub.
Weh! jetzt geht es klipp und klapp
mit der Scher die Daumen ab,
mit der großen, scharfen Scher!
Hei! da schreit der Konrad sehr:

Als die Mutter kommt nach Haus,
sieht der Konrad traurig aus.
Ohne Daumen steht er dort,
die sind alle beide fort.

Was soll ein Kind aus dieser Geschichte *lernen*?
Anders gefragt: Was ist die ‚Moral von der Geschicht'?

Und wie findest du die Geschichte? Welche Schulnote bekommt der Autor von dir?

- O **6** = total ungenügend, völliger Unsinn, Quatsch, Nonsens
- O **5** =
- O **4** = na ja, wenn es sein muß; es geht
- O **3** =
- O **2** =
- O **1** = ausgezeichnet, super, Klasse, Spitze

5 Im Jahre 1970 erschien dieses Buch:

Was steht wohl in dem Buch?
Was meinst du?

_____
_____

Kreuze den richtigen Satz an:
☐ Der Text von Heinrich Hoffmann ist modernisiert worden.
☐ Der Autor F.K. Waechter kritisiert das Buch von Heinrich Hoffmann.
☐ …

Woran siehst du das?

_____
_____

6 Über Friedrich Karl Waechter

Friedrich Karl Waechter wird 1937 in Danzig geboren. Seinen Beruf als Grafiker lernt er in Hamburg und Freiburg. Ab 1962 arbeitet er mit an bekannten satirischen Zeitschriften: PARDON, KONKRET und TWEN. Diese Zeitschriften kritisieren zum Beispiel die Politiker der Bundesrepublik. 1966 erscheint Friedrich Karl Waechters erstes Buch: ICH BIN DER GRÖSSTE. Einige Jahre später folgt DER ANTI-STRUWWELPETER. Danach erscheinen immer wieder Bücher von ihm. Immer wieder schreibt er auch zu Themen der Kinderliteratur. 1972 erscheint TISCHLEIN DECK DICH UND KNÜPPEL AUS DEM SACK, eine Bearbeitung des berühmten Märchens der Brüder Grimm.
Heute arbeitet Waechter immer noch mit an satirischen Zeitschriften, z.B. am Magazin TITANIC. Auch Bücher publiziert er weiter, für Kinder und Erwachsene. Für Erwachsene hat er auch Bilderbücher gemacht – mit viel Erfolg.
Seit 1974 schreibt Waechter auch Filme und Theaterstücke für Kinder. Wie man sieht: ein sehr vielseitiger Künstler …

STECKBRIEF
Bitte ausfüllen:

Name:_____

Vornamen:_____

Geburtsort:_____

Alter:_____

Beruf(e):_____

wo gelernt?_____

Arbeit als Autor:
○ Zeichnungen
○ Texte
○ Zeitschriften
○ Bücher
  ○ für Kinder
  ○ für Erwachsene
  ○ für Kinder & Erwachsene
○

weitere Projekte:
_____

7 Friedrich Karl Waechter hat in seinem ANTI-STRUWWELPETER unter anderem auch die „Geschichte vom Daumenlutscher" bearbeitet.
Bei ihm geht sie so (ACHTUNG! Der Titel ist leicht verändert!):

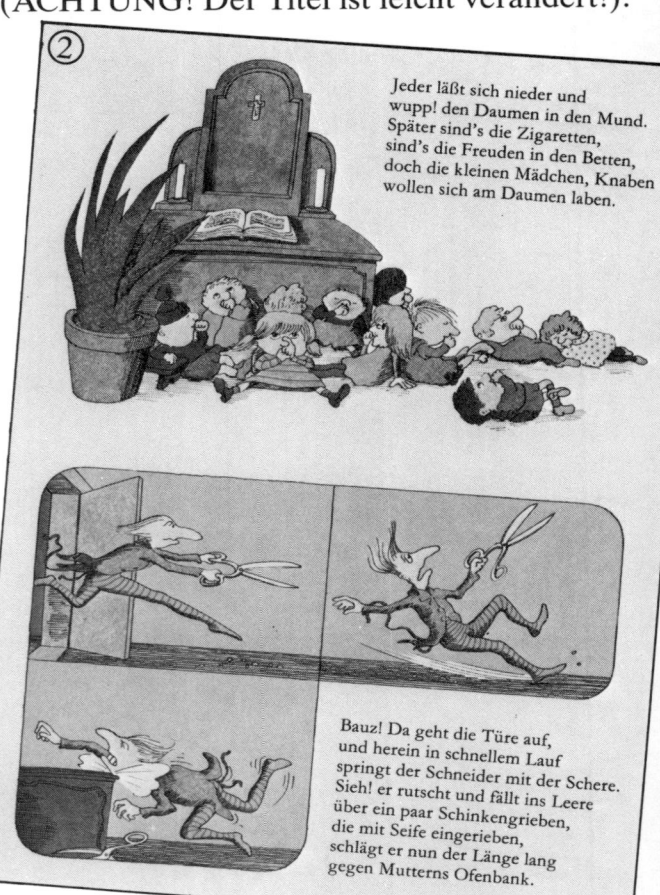

① *Die Geschichte von den Daumenlutschern*

»Konrad«, sprach die Frau Mama,
»ich geh aus, und du bleibst da.
Sei hübsch ordentlich und fromm,
bis nach Haus ich wiederkomm.
Und vor allem, Konrad hör!
lutsche nicht am Daumen mehr;
denn der Schneider mit der Scher
kommt sonst ganz geschwind daher,
und die Daumen schneidet er
ab, als ob Papier es wär.«
Konrads Mütterlein entschreitet.
Über Hintertreppen leitet
Konrad seine Freundesschar
bis zu Mutterns Hausaltar.

② Jeder läßt sich nieder und
wupp! den Daumen in den Mund.
Später sind's die Zigaretten,
sind's die Freuden in den Betten,
doch die kleinen Mädchen, Knaben
wollen sich am Daumen laben.

Bauz! Da geht die Türe auf,
und herein in schnellem Lauf
springt der Schneider mit der Schere.
Sieh! er rutscht und fällt ins Leere
über ein paar Schinkengrieben,
die mit Seife eingerieben,
schlägt er nun der Länge lang
gegen Mutterns Ofenbank.

③ Eh der Schneider von dem Schreck
sich erholt und aufgereckt,
hat er keine Hosen mehr,
und ihm fehlt die Schneiderscher.

Als die Mutter kommt nach Haus,
sieht der Schneider traurig aus.

Ohne Hosen steht er dort,
die sind alle beide fort.

8 Welche Gemeinsamkeiten haben Waechters und Hoffmanns Daumenlutscher-Geschichten? Und welche Unterschiede gibt es?

Gemeinsamkeiten	
Unterschiede	
Waechter	Hoffmann

9 Was soll oder kann ein Kind aus dieser Geschichte lernen? Anders gefragt: Was ist die *‚Moral von der Geschicht'*?

Ein Kind

10 Wer und was wird belohnt oder bestraft bei Waechter und Hoffmann?

Autorität, Kind, Ungehorsam, Schneider, Mutter, Lustbefriedigung, Angst, eigener Wille, Selbständigkeit, Erwachsene, Kinder, Macht, Unterdrückung, Freiheit

	Hoffmann	Waechter
belohnt		
bestraft		
weiß nicht		

39

12 Dürfen und müssen

1

Vater	darf befehlen
Kind	muß früh ins Bett
Clown	darf Fratzen schneiden
Mutter	muß Essen kochen
Astronaut	darf Mond umkreisen
Oma	muß Rente abgeben
Dompteur	darf Löwen bändigen
Mädchen	muß Püppchen haben
Kanzler	darf Land regieren
Neger	muß schwarz sein
Unternehmer	wird schnell reich
Kind	muß schweigen
Gärtner	darf Rasen betreten
Biber	nagt Bäume um
Junge	darf nicht weinen
Hund	muß Schappi fressen

Diese Welt kennst du.
Diese Welt ist in Ordnung.
Josef Reding, ein Dichter, hat diese Welt in Unordnung gebracht:

2 Merkwürdig verschobene Welt

	darf befehlen
Vater	muß früh ins Bett
Kind	darf Fratzen schneiden
Clown	muß Essen kochen
Mutter	darf Mond umkreisen
Astronaut	muß Rente abgeben
Oma	darf Löwen bändigen
Dompteur	muß Püppchen haben
Mädchen	darf Land regieren
Kanzler	muß schwarz sein
Neger	wird schnell reich
Unternehmer	muß schweigen
Kind	darf Rasen betreten
Gärtner	nagt Bäume um
Biber	darf nicht weinen
Junge	muß Schappi fressen
Hund	

Was ist passiert?
Ist die Welt wirklich in Unordnung?
Was gefällt dir besser: „Ordnung" oder „Unordnung"?
Wie sieht Josef Reding die Welt?

Wir wollen jetzt auch unsere Welt in Unordnung, das heißt: in Ordnung bringen.
Zuerst sammeln wir Namen und Berufe aus der Klasse, der Schule, der Stadt, dem Land usw. in der linken Spalte:

Deutschlehrer	
Schuldirektor	
Mein Freund	
Meine Freundin	
Ich	

Schreibe dann zusammen mit deinem Nachbarn auf, wer was darf oder muß. Beschreibe die Welt, *wie du sie kennst*.

Dann sammeln wir unsere Ergebnisse an der Tafel in der mittleren und in der rechten Spalte und machen das, was Josef Reding gemacht hat: wir verändern unsere Welt. Wir machen die Welt so, *wie wir sie gerne möchten*.
Sehr gut geht das mit dem folgenden Apparat, dem Weltveränderungsapparat:

Josef Reding wurde 1929 in Castrop-Rauxel im Ruhrgebiet geboren. Als er 15 Jahre alt war, mußte er noch in den Krieg („Volkssturm"). Nach seinem Abitur studierte er und schrieb viele Bücher, besonders für Kinder und Jugendliche.

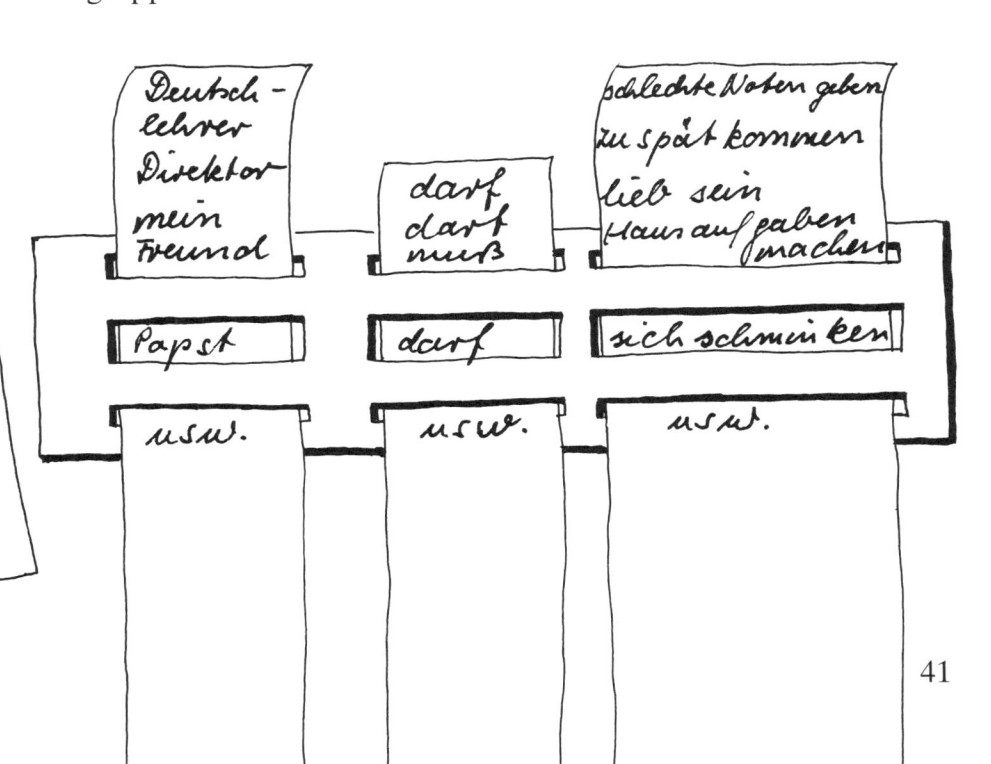

Deutschlehrer / Direktor / mein Freund	darf / darf / muß	schlechte Noten geben / zu spät kommen / lieb sein / Hausaufgaben machen
Papst	darf	sich schminken
usw.	usw.	usw.

41

13 Immer nur das Eine

1 Die Bilder der folgenden Geschichte sind alle durcheinander. Schneide die Bilder aus und klebe sie in der richtigen Reihenfolge auf.

Wie die Geschichte weitergeht, siehst du auf Seite 43.

BONBONS... BONBONS... UND NOCH MAL BONBONS!!!

2 Stell dir vor, du bist der Vater.
Du erzählst deinem Freund, der bei dem Gespräch mit deiner Tochter natürlich nicht dabei war, was passiert ist, was du dir gedacht hast, wie du reagiert hast usw.
Schau „dich" genau an:
Wo sitzt du? Wer sitzt auf deinem Knie? Was machst du gerade?
Was hast du im Mund? Was hast du in der Hand? Was liest du?
Was trinkst du? Wie ist dein Gesichtsausdruck (was denkst du?)?
Wo sitzt die Tochter? usw.
Schreibe in das folgende Schema, was du (= der Vater) tust:

Schema 1

	Ich	tue/denke	das
Beispiel	Ich	sitze	auf der Couch Bild 1
			Bild 2
			Bild 3
			Bild 4
			Bild 5

43

3 Dann schreibe auf, was „deine" Tochter macht:
Wie alt ist sie ungefähr? Wo sitzt sie? Was macht sie? Was sagt sie?
Wie ist ihr Gesichtsausdruck? usw.

Schema 2

Die Tochter	tut/sagt	das	
Beispiel *Meine Tochter*	*liest*	*einen Comic*	Bild 1
			Bild 2
			Bild 3
			Bild 4
			Bild 5

4 Verbinde jetzt die Sätze aus Schema 1 mit den Sätzen aus Schema 2 mit den folgenden Wörtern:
und, aber, doch, denn, sondern, oder.
Zum Beispiel:
Ich sitze auf der Couch, und meine Tochter liest einen Comic.

Immer nur das Eine

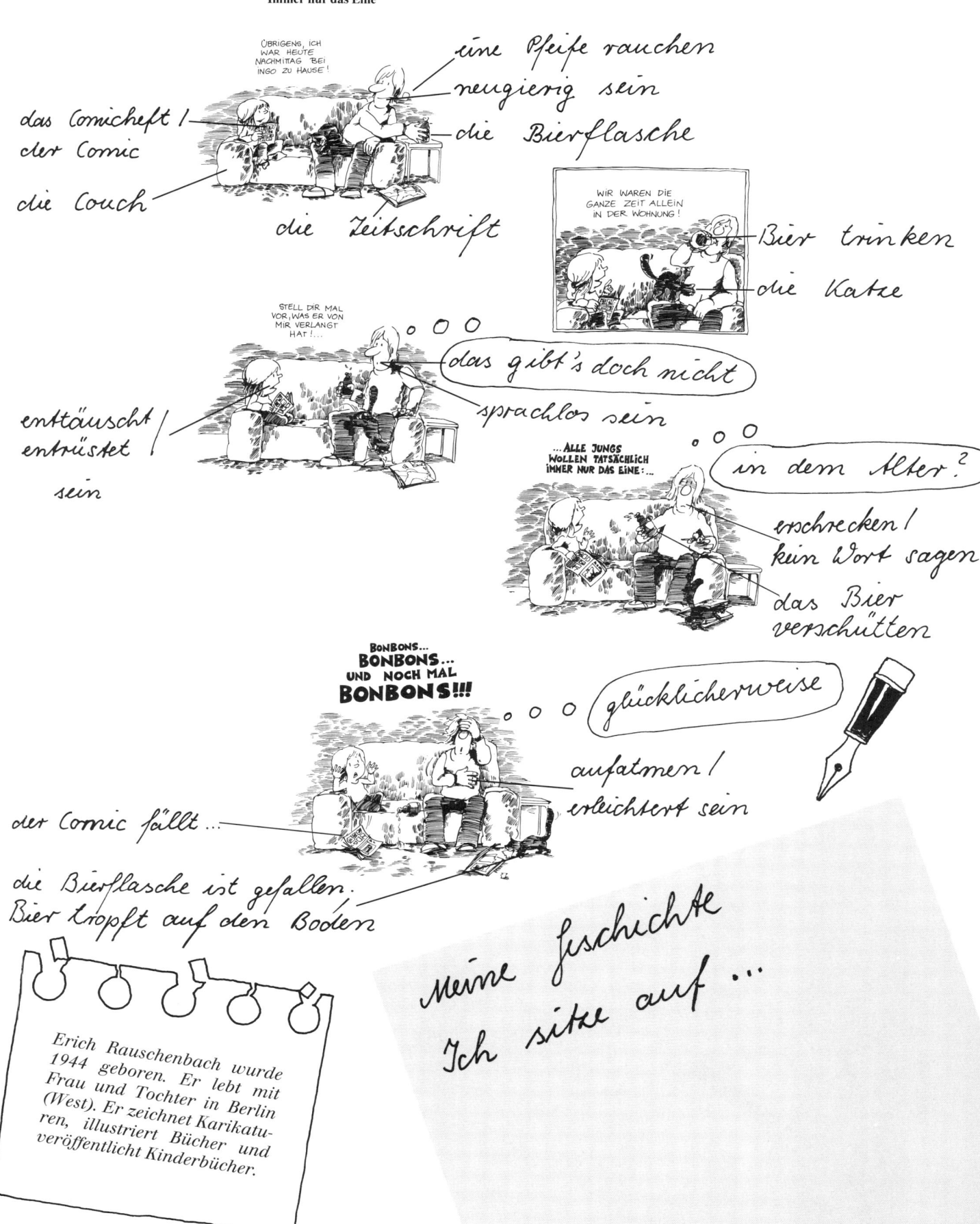

eine Pfeife rauchen
neugierig sein
die Bierflasche
das Comicheft / der Comic
die Couch
die Zeitschrift

Bier trinken
die Katze

enttäuscht / entrüstet sein
das gibt's doch nicht
sprachlos sein

in dem Alter?
erschrecken / kein Wort sagen
das Bier verschütten

glücklicherweise
aufatmen / erleichtert sein

der Comic fällt...
die Bierflasche ist gefallen, Bier tropft auf den Boden

Meine Geschichte
Ich sitze auf ...

Erich Rauschenbach wurde 1944 geboren. Er lebt mit Frau und Tochter in Berlin (West). Er zeichnet Karikaturen, illustriert Bücher und veröffentlicht Kinderbücher.

14 Indianergeschichte

1 Was sagen/denken die Personen?

Und wie ist das Ende dieser Bildgeschichte?
Bitte aufschreiben oder auch zeichnen:

Unsere Version der Geschichte findest du auf Seite 50.

2

a) „Ja und dann? Wie endete der Kampf denn?" fragte einer der Zuhörer. „Sie werden es nicht glauben", antwortete Bridger mit trauriger Stimme, „...."

b) Auf diese Weise schickte ich fünf Verfolger in die ewigen Jagdgründe, aber den sechsten konnte ich einfach nicht abschütteln. Wir näherten uns dem Rand einer tiefen und sehr breiten Schlucht.

c) Es war ein sehr kräftiger Indianer, der größte, den ich je gesehen habe. Es war ein erbitterter Kampf. Mal schien es, als hätte ich gewonnen, dann wieder sah es so aus, als solle der Indianer Sieger bleiben. Endlich..." Bridger machte eine Pause, um Atem zu schöpfen.

d) Der berühmte Trapper und Scout Jim Bridger erzählte wieder einmal aus seinem an spannenden Abenteuern so reichen Leben: „Es waren sechs Indianer, die mich überfielen. Welche Übermacht! Ich gab meinem Pferd die Sporen und versuchte zu entkommen.

e) Die Indianer ritten schnelle Ponies und setzten mir nach. Sobald der erste von ihnen auf Schußweite herangekommen war, wandte ich mich im Sattel um und feuerte. Er fiel vom Pferd.

f) Stellen Sie sich den Grand Canyon des Colorado vor, und Sie haben einen Begriff davon, wie übel ich dran war. Rasch wendete ich mein Pferd. Der Indianer kam näher. Wir feuerten beide in derselben Sekunde. Sein Pferd und mein Pferd brachen tot zusammen. Mit Messern kämpften wir weiter.

Hier kannst du eine spannende Geschichte lesen.
Sie erzählt von Indianern. Aber die Textfragmente folgen nicht richtig aufeinander. Ordne sie.

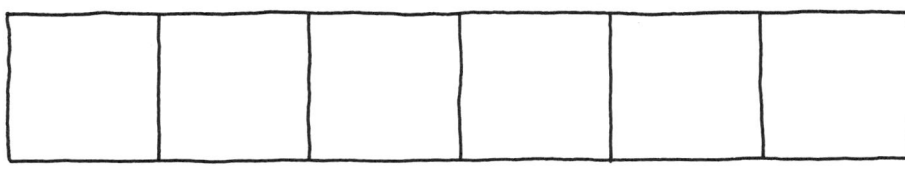

3

Hier findest du Fotos und Zeichnungen von vielen Personen. Wer von ihnen kann Jim Bridger sein?

○ Das ist Jim Bridger, weil

_____
_____
_____

Paßt keins der Bilder? Dann suche selber oder zeichne eins (in den Kasten links):

4

Du siehst: Das Ende der Geschichte auf S. 47 fehlt.
Denk dir einen passenden Schlußsatz aus:

5 Nur wenige Leute können wirklich gut erzählen. Das hat unter anderem damit zu tun, wie spannend, wie interessant sie erzählen. Wie ist das in der Geschichte von Jim Bridger? Was findest du? Zeichne die Linie zu Ende:

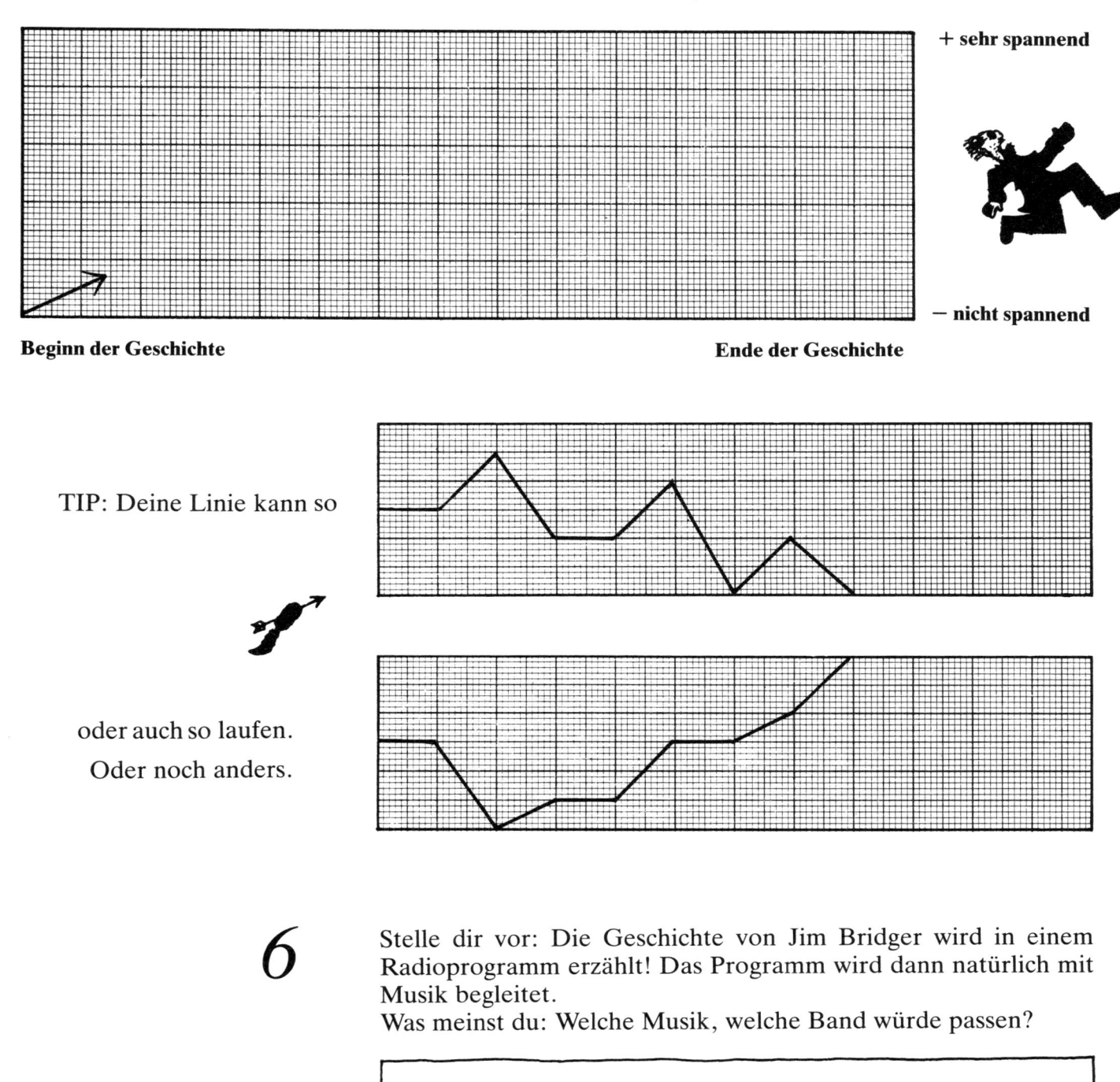

+ sehr spannend

− nicht spannend

Beginn der Geschichte　　　　　　　　　　**Ende der Geschichte**

TIP: Deine Linie kann so

oder auch so laufen.

Oder noch anders.

6 Stelle dir vor: Die Geschichte von Jim Bridger wird in einem Radioprogramm erzählt! Das Programm wird dann natürlich mit Musik begleitet.
Was meinst du: Welche Musik, welche Band würde passen?

Lösung zu Seite 48:
Dies war der letzte Satz der Geschichte: *der Indianer hat mich getötet!"*

Das ist die ganze Indianergeschichte (ein Teil steht auf S. 46):

SCHMATZ!

Ich bin eine verzauberte Indianer-Prinzessin, und wenn du mich erlöst, bekommst du die halbe Prairie!

Der rote Mann spricht mit gespaltener Zunge!
Das haben wir von euch gelernt!

Frederik Hetmann heißt in Wirklichkeit anders: Hans-Christian Kirsch. Er wurde 1934 in Breslau geboren. Heute lebt er in der Nähe von Montabaur. Er schreibt vor allem für Kinder und Jugendliche. Schon ein paarmal hat er Jugendbuchpreise bekommen.

15 Wortspiele 3

1 Bis jetzt haben wir (fast) immer nur mit *einem* Wort gespielt. Natürlich kann man das auch mit zwei, drei, ... Wörtern und mit ganzen Sätzen und Texten.
Hier siehst du einige Beispiele:

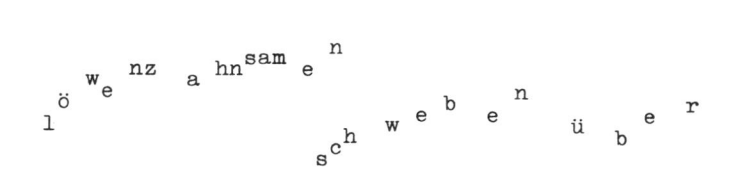

```
          n
  w  nz  hn sam  e
lö e  a       e  n
           sch w e b e n  ü b e r


                        eine große Wiese
```

Renate Welsh

F. K. Waechter

```
                       Der Krieg

                         ANGSTANGST
                     ANGSTANGSTANGSTANGST
                 ANGSTANGSTANGSTANGSTANGSTANGST
             ANGSTANGSTANGSTANGSTANGSTANGSTANGSTANGST
           ANGSTANGSTANGSTANGSTANGSTANGSTANGSTANGSTANGST
         ANGSTANGSTANGSTANGSTANGSTANGSTANGSTANGSTANGSTANGST
       ANGSTANGSTANGSTANGSTANGSTANGSTANGSTANGSTANGSTANGSTANGST
       ANGSTANGSTANGSTANGSTANGSTANGSTANGSTANGSTANGSTANGSTANGST
         ANGSTANGSTANGSTANGSTANGSTANGSTANGSTANGSTANGSTANGST
           ANGSTANGSTANGSTANGST  ANGSTANGSTANGSTANGSTANGST
             ANGSTANGSTANGST       ANGSTANGSTANGSTANGSTANGST
           ANGSTANGSTANGSTANGST    ANGSTANGSTANGSTANGSTANGST
                                H
                                A
                                B
                                E
                                ICH
```

Renate Welsh

```
         mein                  dein                    unser                   euer
       meinHaus              deinHaus                unserHaus               euerHaus
     meinHausmein          deinHausdein            unserHausunser          euerHauseuer
   meinHausmeinHaus      deinHausdeinHaus        unserHausunserHaus      euerHauseuerHaus
   meinHausmeinHausmein  deinHausdeinHausdein    unserHausunserHausunser euerHauseuerHauseuer
   meinHausmeinHausmein  deinHausdeinHausdein    unserHausunserHausunser euerHauseuerHauseuer
     mein    mein    mein    dein    dein    dein    unser   unser   unser    euer   euer   euer
     mein    mein    mein    dein    dein    dein    unser   unser   unser    euer   euer   euer
   meinHausmeinHausmein  deinHausdeinHausdein    unserHausunserHausunser euerHauseuerHauseuer
   meinHausmeinHausmein  deinHausdeinHausdein    unserHausunserHausunser euerHauseuerHauseuer
     mein    mein    mein    dein    dein    dein    unser   unser   unser    euer   euer   euer
     mein    mein    mein    dein    dein    dein    unser   unser   unser    euer   euer   euer
     meinHausmein    mein    deinHausdein    dein    unserHausunser  unser   euerHauseuer   euer
     meinHausmein    mein    deinHausdein    dein    unserHausunser  unser   euerHauseuer   euer
     meinHausmein            deinHausdein            unserHausunser          euerHauseuer
unsere GassemeinHausmein     meinHausdeinHausdein    dein  HausunserHausunser   unserHaus euerHauseuer  euerHaus
```

Renate Welsh

51

2 Hier hat jemand mit den Wörtern „ich, du, Worte" gespielt.
Das eine Wortspiel heißt „Barriere".
Das andere Wortspiel heißt „Die Brücke".
Welches Wortspiel heißt „Barriere" und welches „Die Brücke"?
Wie verstehst du die beiden Titel? Gib Beispiele, die zeigen, was du meinst!
Wie wird visuell dargestellt, was der Titel sagt?
Versuche einmal zu *sagen,* was dargestellt wird.

```
            WORTE WORTE WORTE
          WORTE WORTE WORTE WORTE
        WORTE                    WORTE
        WORTE                    WORTE
        WORTE                    WORTE
   DU   WORTE                         WORTE   ICH
```

```
                WORTE
                WORTE
                WORTE
                WORTE
                WORTE
                WORTE
                WORTE
                WORTE
                WORTE
                WORTE
                WORTE
                WORTE
                WORTE
                WORTE
                WORTE
         DU     WORTE        ICH
```

Renate Welsh

3 Mach jetzt einmal selbst aus mehreren Wörtern, einem Satz oder einem kurzen Text ein Wörterspiel, ein Wörterbild oder Textbild. Du kannst dazu selbst Wörter, Sätze, Texte suchen; wenn du nichts findest, versuch es einmal mit den Wörtern „ebbe" und „flut", „Mann" und „Frau", „Strafstoß" und „Tor".
Einige Wörter kennst du noch nicht: Suche sie im Wörterbuch!

Auf der nächsten Seite kannst du sehen, was andere aus diesen Wörtern gemacht haben.

```
     o
 T o     R
     o
       o
         o
           o
             o
               o
                 o
                   o
```

```
ebbeebbeebbeebbeebbeflut
ebbeebbeebbeebbeebbeebbe
ebbeebbeebbeebbeebbeflut
ebbeebbeebbeebbefluuuuut
ebbeebbeebbefluuuuuuuuut
ebbeebbefluuuuuuuuuuuuut
ebbefluuuuuuuuuuuuuuuuut
fluuuuuuuuuuuuuuuuuuuuut
ebbefluuuuuuuuuuuuuuuuut
```

Ernst Jandl

STRAFST SS

Burckhard Garbe

```
ebbeebbeebbeebbeebbe
ebbeebbeebbeebbe       flut
ebbeebbeebbe       flutflut
ebbeebbe       flutflutflut
ebbe       flutflutflutflut
           flutflutflutflutflut
ebbe       flutflutflutflut
ebbeebbe       flutflutflut
ebbeebbeebbe       flutflut
ebbeebbeebbeebbe       flut
ebbeebbeebbeebbeebbe
ebbeebbeebbeebbe       flut
ebbeebbeebbe       flutflut
ebbeebbe       flutflutflut
ebbe       flutflutflutflut
           flutflutflutflutflut
ebbe       flutflutflutflut
ebbeebbe       flutflutflut
ebbeebbeebbe       flutflut
ebbeebbeebbeebbe       flut
ebbeebbeebbeebbeebbe
ebbeebbeebbeebbe       flut
ebbeebbeebbe       flutflut
ebbeebbe       flutflutflut
ebbe       flutflutflutflut
           flutflutflutflutflut
ebbe       flutflutflutflut
ebbeebbe       flutflutflut
ebbeebbeebbe       flutflut
ebbeebbeebbeebbe       flut
ebbeebbeebbeebbeebbe
ebbeebbeebbeebbe       flut
ebbeebbeebbe       flutflut
ebbeebbe       flutflutflut
ebbe       flutflutflutflut
           flutflutflutflutflut
```

Timm Ulrichs

Burckhard Garbe

53

4

In den letzten 10, 20 Jahren gibt es immer mehr moderne Figurgedichte, man nennt sie auch „Piktogramme" oder „Konkrete Poesie".
Nicht immer kann man sofort sehen, was der Autor meint.
Du hast jetzt genau fünf Minuten Zeit, um dir die folgenden „Gedichte" anzusehen. Schreib auf einen Zettel, was du bei jedem „Gedicht" gefunden/entdeckt hast.

Unsere Welt

```
ordnung     ordnung
ordnung     ordnung
ordnung     ordnung
ordnung     ordnung
ordnung     ordnung
ordnung     unordn   g
ordnung     ordnung
ordnung     ordnung
ordnung     ordnung
ordnung     ordnung
ordnung     ordnung
```

Timm Ulrichs

Widerstand

```
jajajajajajajajajajajajaja
jajajajajajajajajajajajaja
jajajajajajajajajajajajaja
jajajajajajajajajajajajaja
jajajajajajajajajajajajaja
jajajajajajajajajajajajaja
jajajajajajajajajajajajaja
jajajajajaneinjajajajajaja
jajajajajajajajajajajajaja
jajajajajajajajajajajajaja
jajajajajajajajajajajajaja
jajajajajajajajajajajajaja
jajajajajajajajajajajajaja
jajajajajajajajajajajajaja
jajajajajajajajajajajajaja
```

Renate Welsh

vorfahre und nachkomme

ich.

ich

Ernst Jandl

Reinhard Döhl

5 Der Apfel von Reinhard Döhl spielt auf eine deutsche Redensart an: „Da ist der Wurm drin!" Das sagt man, wenn etwas nicht in Ordnung ist, wenn etwas nicht so geht, wie man will:
Das Auto springt nicht an: „Da ist heute der Wurm drin!" – Du machst in der Schule alles falsch: „Bei mir ist heute der Wurm drin!" usw.
Du kannst dir auch eine Redensart ausdenken und davon ein Piktogramm machen. Deine Mitschüler müssen dann raten, welche Redensart du gemeint hast.
Redensarten:
„Jemanden in den April schicken" (jemanden zum Narren halten; man sagt etwas, was stimmen könnte, aber in dem Moment nicht stimmt. Das tut man vor allem am 1. April).
„Das Kind mit dem Bade ausschütten" (mit dem Wertlosen, dem Badewasser, auch etwas Wertvolles, das Kind, weggeben).
„Jemandem einen Bären aufbinden" (jemandem etwas Unglaubliches, eine phantastische Geschichte erzählen, jemanden anlügen).
„Das hat so einen Bart" (das ist schon lange bekannt).
„Er sieht vor lauter Bäumen den Wald nicht" (er sieht alle Einzelheiten, aber nicht das Ganze/das Wichtigste).
„Etwas durch die Blume sagen" (etwas nur andeuten, indirekt sagen).

vor lauter bäumen

baum baum baum baum baum
   baum baum baum baum baum
baum baum baum baum baum
   baum baum baum baum baum
baum baum baum baum baum
   baum baum baum baum baum
baum baum baum baum baum
   baum baum baum wald baum
baum baum baum baum baum
   baum baum baum baum baum

Burckhard Garbe

16 Für Kinder und Jugendliche verboten!

1

Hast du dich auch schon darüber geärgert, daß Erwachsene Sachen machen dürfen, die für Kinder und Jugendliche verboten sind?
Schreibe zusammen mit deinem Nachbarn/deiner Nachbarin in die leeren Kreise: Was dürfen deine Eltern und was darfst du nicht? Und worüber ärgerst du dich dann?

2 Katharina

Katharina, Katharine
schrieb auf einer Schreibmaschine
nachts um zwölf, als alles schlief,
an die Eltern diesen Brief:

Auch Katharina ärgert sich oft, weil die Eltern (Erwachsenen) Sachen machen, die sie und andere Kinder nicht machen dürfen. Schreibe oben einen Brief von ungefähr 50 Wörtern, in denen du (= Katharina) den Eltern sagst, was du nicht darfst, aber was die Eltern wohl dürfen.
Wenn du Lust hast, darfst du den Brief in Gedichtform schreiben, und der Brief darf sich reimen. (Beispiel: Kathar**ine** – Schreibmasch**ine**; schl**ief** – Br**ief** usw.)

3 Du kannst jetzt deine Kritik an Erwachsenen vergleichen mit dem Text von Hans Manz, der den Brief von Katharina an ihre Eltern so formuliert:
Was ist gleich? Was ist anders?

Hans Manz wurde 1931 in der Schweiz geboren. Er ist Lehrer und Schriftsteller. Für Kinder schreibt er am liebsten. Er arbeitet auch an Kindersendungen im Schweizer Fernsehen mit und hat selbst schon Filme gemacht.

Sagt mir einmal, warum dürfen
große Leute Suppe schlürfen?
Warum dürfen sie laut gähnen,
warum stochern sie in Zähnen,
weshalb dürfen sie in Ohren
mit dem kleinen Finger bohren?
Warum darf ich's aber nicht?
Warum habe ich die Pflicht,
einem Musterkind zu gleichen
Fragezeichen

Hans Manz

4 Die schönste Zeit im Leben ...
Was findest du?
Und warum findest du es?

KINDHEIT   JUGENDZEIT   ERWACHSENE

5 Du bekommst jetzt zwei Kärtchen. Lies mit deinem Partner die Karten und kläre, was auf den Kärtchen steht! Vielleicht bekommst du auch von deinem Lehrer ein Hilfskärtchen, um den Satz (besser) verstehen zu können.
Wer sagt das, was auf den Kärtchen steht?
Und wer (= B) sagt das zu wem (= A)?

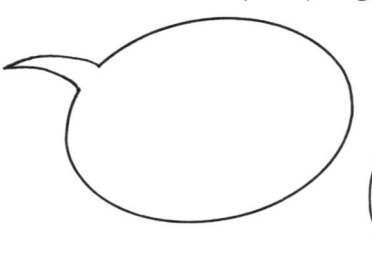

Tu dies!

A   B

Schon wieder 'ne Vier!		Laß das Geklecker!
Tu dies! Tu das!	Das schaffst du allein!	Mach dich nicht so breit!
Fall mir nicht auf den Wecker!	Du kannst dich nur mopsen!	Hol doch endlich Bier!
Nie wird sich gebückt!	Hab' jetzt keine Zeit!	Laß mich in Ruh!
Mein Gott, bist du dumm!	Heb die Füße hoch!	Sitz nicht so krumm!
Laß das Singen sein!	Stopf's nicht in dich rein!	Sau dich nicht so ein!
Beeil dich doch!	Du machst mich verrückt!	Hör auf zu hopsen!

kleckern = schmutzig machen		Es gibt sechs Noten: 1 = sehr gut 2 = gut 3 = befriedigend 4 = ausreichend 5 = mangelhaft 6 = ungenügend
	das kannst du allein	
	sich mopsen = sich langweilen sich ärgern	Mach mich nicht verrückt! Geh mir nicht auf die Nerven!
		bücken:
krumm sitzen = nicht gerade sitzen		
mach dich nicht so │ dreckig! schmutzig!	iß langsam!	
hopsen = springen		mach schnell

6

Was sagt/tut A?
Erfinde einen Satz von A, der zu dem paßt, was B sagt!
Also:

Das sagt/tut A:
(das mußt du erfinden)

So reagiert B:
(steht auf dem Kärtchen)

Jetzt alle Ergebnisse an der Tafel sammeln:

Das sagt/tut A:

So reagiert B:

7

Ein Jugendlicher?

Ein Erwachsener?

Wer ist A?
Wer ist B?

Ein Kind?

Ein ??

A ist _____

B ist _____

8 Lies jetzt das folgende Gedicht!
Wenn du etwas nicht verstehst, frage deine Mitschüler, sie können dir vielleicht helfen! Sonst nimmst du ein Wörterbuch.

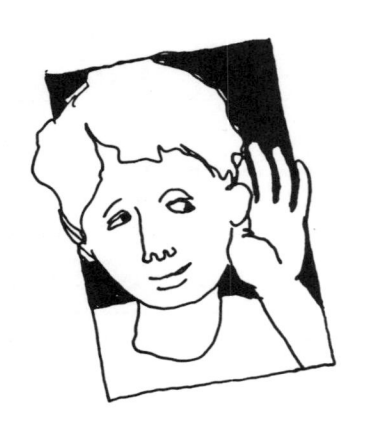

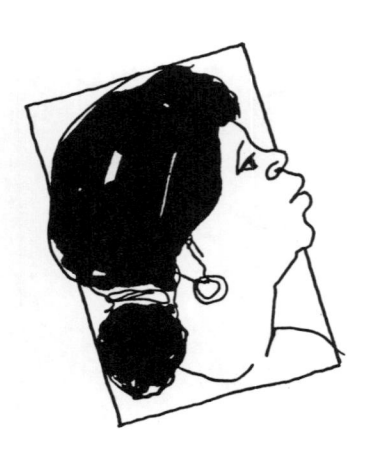

Kindsein ist süß?

Tu dies! Tu das!
Und dieses laß!
Beeil dich doch!
Heb die Füße hoch!
Sitz nicht so krumm!
Mein Gott, bist du dumm!
Stopf's nicht in dich rein!
Laß das Singen sein!
Du kannst dich nur mopsen!
Hör auf zu hopsen!
Du machst mich verrückt!
Nie wird sich gebückt!
Schon wieder 'ne Vier!
Hol doch endlich Bier!
Sau dich nicht so ein!
Das schaffst du allein!
Mach dich nicht so breit!
Hab' jetzt keine Zeit!
Laß das Geklecker!
Fall mir nicht auf den Wecker!
Mach die Tür leise zu!
Laß mich in Ruh'!

Kindsein ist süß?
Kindsein ist mies!

Susanne Kilian

9 Mach mit deinem Nachbarn ein kleines Rollenspiel mit dem Text von Susanne Kilian: einer von euch beiden ist A, der andere B. Was A sagt und tut, müßt ihr erfinden.
Ihr dürft auch Geräusche machen.
Wenn ihr mit einer oder mehreren Zeilen aus dem Gedicht nichts anfangen könnt, dürft ihr sie weglassen.
Auch B darf natürlich mehr sagen, als in dem Gedicht steht.
Übt euer Rollenspiel und spielt es dann vor! Wer will, kann es auch als Hörspiel auf ein Tonbandgerät oder einen Kassettenrekorder aufnehmen.

10 Vergleicht einmal das Gedicht „Katharina" (S. 57, 58) mit dem Gedicht „Kindsein ist süß": Was ist gleich? Was ist anders?

	gleich	anders
Katharina		
Kindsein		

Susanne Kilian wurde 1940 in Berlin geboren. Sie war Lehrerin und Buchhändlerin und hat viele Geschichten und Gedichte für Kinder und Jugendliche geschrieben. Sie erzählt von Kindern in einer Erwachsenenwelt, in der es keinen Platz für Kinder und Jugendliche gibt.

17 Zeitungsanzeigen

1

Luxus-2-Zi.-Whg., Nh. Grünwald, 70 m², Blk., TG, sep. WC, DM 1146,-, inkl. + KT/Prov., ☎ 1233122

Fasanenpark, 3-Zi.-Whg., 86 m², 2 OG,

in 2-Fam.-Haus. ☎ 08106/1751

möbl. 2-Zi., ZH, Bad-WC-Kü-Gartenben., Kfz-Platz, 5 Min. S-Bahn Pasing, 500,- + NK + KT, an berufstät. deutsch. Herrn ab 1. 9. ✉ ZS7908887 an SZ

Zi., Bad, 70 m², Stadtmitte, Rgb./Part., Gart., dir. a. d.

1200,- inkl. nung, voll möbl., ab sof. 3 Zi., Kü., Bad, Altbau, renov. ca. 65 m², Isar-Nähe, an Deutsche ✉ AS7919424 ☎ 3593868 ab 15 h.
Schöne 3-Zi-Whg., 900,- + NK + KT ☎ 227520 b. 14 Uhr

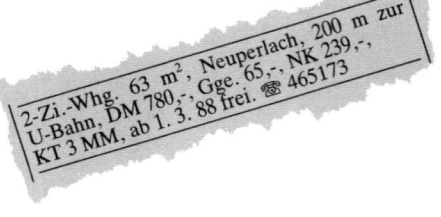

2-Zi.-Whg. 63 m², Neuperlach, 200 m zur U-Bahn, DM 780,-, Gge. 65,-, NK 239,-, KT 3 MM, ab 1. 3. 88 frei. ☎ 465173

a) Dies sind einige Anzeigen aus einer deutschen Zeitung.
Kreuze bitte an!
Diese Anzeigen informieren über:

☐ Schallplatten, LP
☐ Radio
☐ TV
☐ Möbel
☐ Lebensmittel
☐ Personal
☐ Automobile
☐ Wohnungen
☐ Reisen
☐ Kleidung
☐ …

b) An welchen Wörtern (oder Abkürzungen) hast du das gesehen?
Bitte aufschreiben:

Wohnung 1

möbl. 2-Zi., ZH, Bad-WC-Kü-Gartenben., Kfz-Platz, 5 Min. S-Bahn Pasing, in 2-Fam.-Haus. ☎ 08106/1751 500,– + NK + KT, an berufstät. deutsch. Herrn ab 1. 9. ✉ ZS7908887 an SZ

Wohnung 2

3 Zi., Kü., Bad, Altbau, renov., ca. 65 m², Isar-Nähe, an Deutsche ✉ AS7919424 nung, voll möbl., ab sof. 1200,- inkl. ☎ 3593868 ab 15 h.

Schöne 3-Zi-Whg., 900,– + NK + KT ☎ 227520 b. 14 Uhr

2

Hier werden also Wohnungen angeboten.
In solchen Anzeigen gebraucht man immer viele Abkürzungen.
Was bedeuten die Abkürzungen hier?
Was paßt wohin?

Fam.	mit einem Beruf, *berufstätig*
möbl.	ungefähr, etwa, *circa*
Zi.	Vater, Mutter und Kinder, *Familie*
	erneuert, *renoviert*
ZH	mit Möbeln, *möbliert*
WC	mit eingeschlossen, *inklusive*
Kü.	wo man kocht, *Küche*
Gartenben.	Toilette, *Wasserclossett*
Kfz-Platz	*Süddeutsche Zeitung*
NK	wo man wohnt, *Wohnung*
KT	Räume, *Zimmer*
berufstät.	alle Zimmer werden von *einer* Heizung
SZ	gewärmt: *Zentralheizung*
inkl.	Parkplatz, *Kraftfahrzeug-Platz*
renov.	man darf den Garten benutzen, *Gartenbenutzung*
ca.	
Whg.	schreiben an, Briefe an
	Kosten neben der Miete, z. B. für den Hausmeister, um das Haus sauber zu halten usw., *Nebenkosten*
	Geldsumme, die man bezahlen muß, wenn man eine Wohnung bezieht; man bekommt das Geld zurück, wenn man später auszieht und die Wohnung nicht beschädigt hat; die Geldsumme nennt man *Kaution*

3

Wohnung 1 kostet pro Monat also 500,– DM.
Wieviel ist das in eurem Geld?

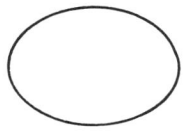

4

Kann eigentlich jeder diese Wohnungen mieten?
Was wird vom Mieter verlangt?

Wohnung 1

es muß ein Herr sein
er muß _____
er _____

Wohnung 2

_____
_____
_____

5 Also – wer kann NICHT mieten? Kreuze bitte an:

	Whg. 1	Whg. 2
ein Lehrer ohne Arbeit		
ein griechischer Koch		
ein deutscher Arbeiter		
ein alter Polizist		
ein deutscher Taxifahrer		
ein Mann mit einem Kind		
ein türkischer Arbeiter		
eine junge Polizistin		

Kommt dies auch in eurem Land vor? Wie findest du solche Anzeigen?

6 Stell dir vor, du willst ein Zimmer (DEIN Zimmer?) vermieten. Wie sieht die Anzeige aus? Wenn du etwas nicht weißt, suche dann in den Anzeigen oben oder im Wörterbuch.

7 Vor kurzem stand bei einem Hochhaus dieses Schild:

> zu vermieten:
> Wohnung, ruhige Lage, nur für ruhige Bewohner! Keine Kinder und Haustiere!
> Verboten: Klavierspielen, abends baden, im Treppenhaus spielen
> Informationen beim Hausmeister

Stell dir vor, daß der Hausmeister gerade vorbei kommt. Was sagst du?

Bauskandal
Hochhaus eingestürzt – keine Verletzten

Gestern abend gegen 23.00 Uhr stürzte plötzlich das Hochhaus an der Parkstraße ein. Zum Glück wurde dabei niemand verletzt.
Schon früher hatten die Bewohner Probleme mit der Qualität ihrer Wohnungen. In dieser Zeitung klagten sie z.B.: „Die Mieten sind sehr hoch. Es gibt die unglaublichsten Verbote. Es ist z.B. verboten, Klavier zu spielen, abends nach 20 Uhr zu baden, usw."

Wie die Polizei sagte, wurde gerade ein großes Mieterfest gefeiert, als das Hochhaus einstürzte. Das Fest wurde im Keller des Hauses gefeiert: der unbeliebte Vermieter war nämlich für längere Zeit auf Reisen gegangen. Abends spät aber kehrte der Vermieter plötzlich nach Hause zurück. Er hörte natürlich die laute Musik und ging zum Keller. Als man ihn sah,

Bauskandal
Hochhaus eingestürzt

Wie war das möglich?
Denk dir einige Erklärungen aus und schreibe sie hier auf:

9 Lies jetzt bitte diese Geschichte:

Wohnung zu vermieten

Die Katze hatte von ihrer Großmutter einen Beutel voll Geld geerbt. Da beschloß sie, ein Hochhaus zu bauen. Als das Haus fertig war, hängte sie ein Schild an die Tür: Wohnung zu vermieten!
Es klingelte, und wer stand draußen? – Eine Maus.
5 Sie war sehr klein, sehr grau und sehr freundlich. „Darf ich hier einziehen?"
„Haben Sie Kinder?" fragte die Katze.
„Leider nicht", sagte die Maus. „Aber was nicht ist, kann noch werden."
10 „Kinder sind verboten!" sagte die Katze.
„Haben Sie ein Klavier?"
„O nein!" rief die Maus. „Soll ich mir eines kaufen? Möchten Sie gern, daß ich Klavier spiele?"
„Klavierspielen ist verboten!" sagte die Katze.
15 „Und haben Sie einen Hund?"
Das war nun wirklich eine dumme Frage. Was sollte die Maus mit einem Hund anfangen?
Also durfte sie einziehen. Nach und nach zogen noch viele andere Mäuse in das Hochhaus. Aber so vergnügt wie in ihren
20 alten Behausungen waren sie nicht. Alles war verboten: nach acht abends baden, Besuch einladen, auf dem Geländer rutschen, Wäsche aufhängen, im Treppenhaus pfeifen – es war stinklangweilig.
Im März heiratete die kleine Maus Herrn Nagezahn. Heimlich.
25 Wegen der Katze. Er wohnte auf dem gleichen Flur, so hatten sie sich kennengelernt. Die beiden bekamen sieben Kinder.
Die Eltern versteckten die Kleinen in einer alten Einkaufstasche und trugen sie zum Luftschnappen in den Park.
Herr Flitzebein aus dem 10. Stock kaufte sich einen Plattenspieler und
30 Herr Zitterbart ein Klappfahrrad.
Fräulein Spitzohr aus dem Erdgeschoß schaffte sich sogar einen Wellensittich an und eine Waschmaschine.
Aber alle dachten: Wenn bloß die Katze nichts merkt!
Eines Abends, als die Katze verreist war, lud Herr Nagezahn alle Mieter
35 zu einer Kellerparty ein. Seine Kinder hatten Zähne bekommen. Das wollten sie feiern! Er spendierte ein Faß Mäusebier, Herr Flitzebein ließ den Plattenspieler laufen, dazu wurde getanzt und gesungen. Am besten gefiel den Mäusen der neueste Song: *When the cat is away, the mice will play.* Das heißt auf deutsch: Wenn die Katze fort ist, tanzen die
40 Mäuse. Es war ein toller Spaß!
Plötzlich quietschte die Kellertür. Die Katze war zurückgekommen. Ihre Augen glühten. Ihr Fell sträubte sich. Der Schwanz war drohend gereckt. „Habe ich euch erwischt!" kreischte sie. „Ihr Lotterpack! Ihr Käsediebe! Ihr faules Gesindel!" Und mit einem Hopp sprang sie zwischen die Mäuse. Junge,
45 Junge, so ein Schreck!
Die Mäuse rannten, jagten, stolperten, polterten, kreischten und quiekten.
Die Kellerwände begannen zu schwanken. Auf einmal krachte – krabatzki-krabumm – das ganze Hochhaus zusammen.
Und was blieb übrig davon? – Ein Haufen Pappkartons, leere Katzenfutterdosen,
50 Apfelsinenkistenholz, Plastiktüten, verrostete Nägel ... Alles lag übereinander und durcheinander.
Das war also die ganze Pracht gewesen? So ein mieses Haus!
Das Hochhaus war futsch. Die Katze war blamiert. Die Mäuse pfiffen vor Schadenfreude. Dann flitzten sie davon und suchten sich eine neue Wohnung: eine Kinderwagenmatratze, die auf dem Schuttplatz lag.

Hanna Hanisch

10

Wähle Aufgabe **a** oder **b**:

a Wie du weißt, wird ein Buch meistens in Kapitel eingeteilt. Aber auch kurze Geschichten bestehen oft aus mehreren Teilen.
Wie kannst du die Geschichte auf S. 68 einteilen? Und welche Überschriften bekommen die Kapitel?

Kapitel Nr.	von Zeile .. bis Zeile ..	Überschrift
1	_____	*Das neue Hochhaus*
2	_____	_____
3	_____	_____

b In „Wohnung zu vermieten" sind die Hauptfiguren keine Menschen, sondern Tiere. Die Tiere sind aber wie Menschen beschrieben, nicht wahr? Man nennt so eine Geschichte eine FABEL.

In folgender Liste findest du viele Wörter, die mit Menschen zu tun haben.
Welche Wörter passen auch für die Tiere aus „Wohnung zu vermieten"?

*reich sympathisch Hausbesitzer unfreundlich Konkurrent
arm unsympathisch mächtig freundlich Betrüger
gut böse schlecht Kapitalist gehorsam dumm Haustierfeind
tapfer schwach ungehorsam
Kinderfreund Kinderfeind Mieter Betrogene klug*

die Katze	die Mäuse
_____	_____
_____	_____
_____	_____

Wähle Aufgabe **11** oder **12**.

11 Das ist sie also, die Katze.
Wie könnte sie heißen?

_____

Und die kleine Maus? Wie sieht sie aus?

12 Die Katze hat natürlich auch eine Wohnungsanzeige bei der Zeitung aufgegeben.
Wie sieht die Anzeige aus? Schreibe die Anzeige auf ein großes Blatt Papier.
Fertig? Dann an die Wand hängen.

Hanna Hanisch wurde 1920 in Thüringen geboren. Heute lebt sie in Goslar. Sie schreibt Theaterstücke, Gedichte und Kinderbücher.

13 Eine Maus auf Wohnungssuche. Schreibe den Dialog zu Ende.
(Wörter kannst du in der Geschichte von der Katze und den Mäusen finden.)

Fertig? Dann mit dem Original vergleichen und an die Wand hängen.

14 Hier ist das Original:

Jobst Müller
Auf Wohnungssuche

18 Krieg und Frieden

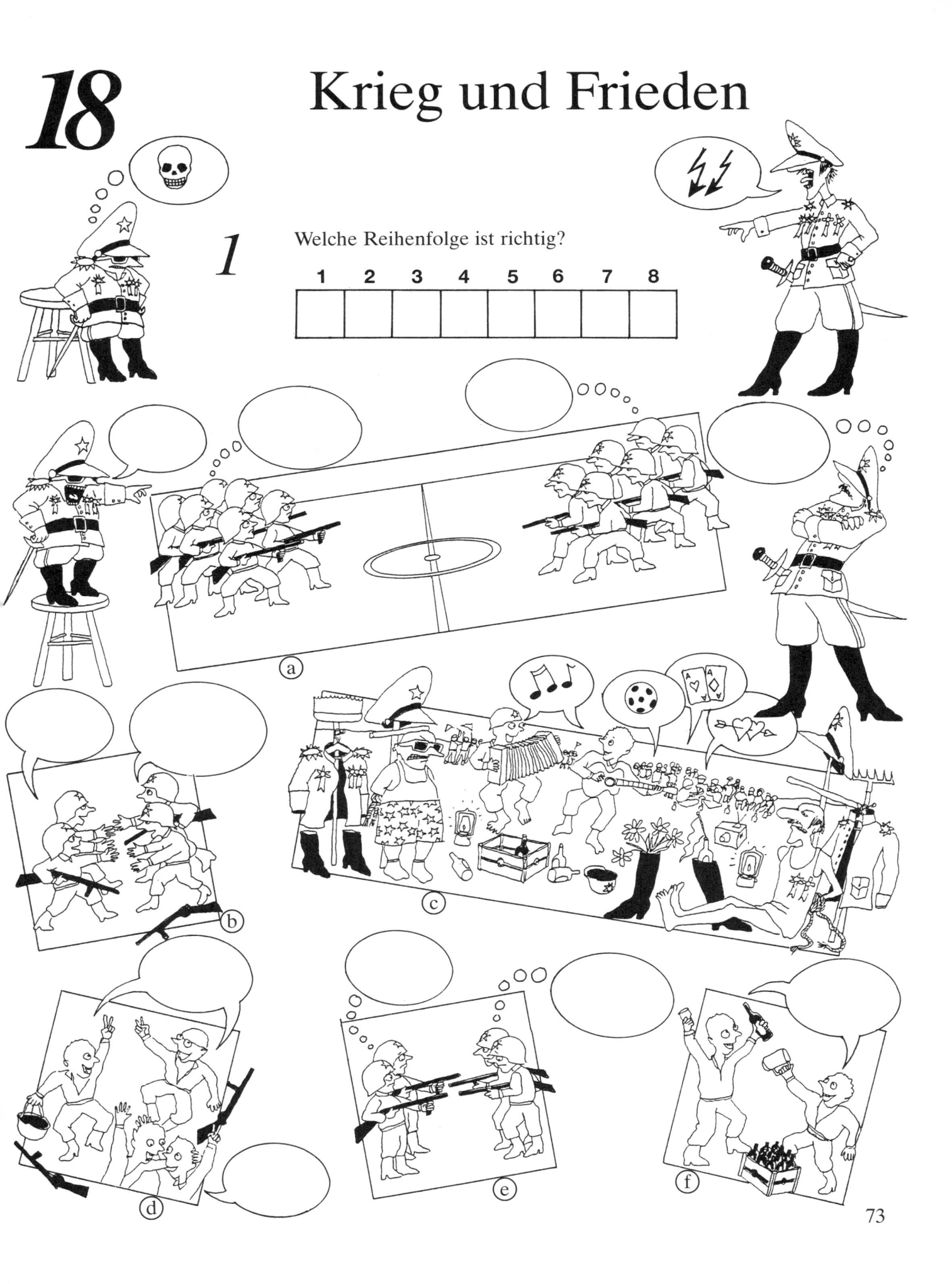

1 Welche Reihenfolge ist richtig?

| 1 | 2 | 3 | 4 | 5 | 6 | 7 | 8 |

2 Wer sagt was? Schreibe Texte in die leeren Sprech- und Denkblasen.

3 Erzähle die Geschichte auf deutsch.
Sage zu jedem Bild etwas.

4 Welchen Titel kann diese Geschichte haben?

5 Ein bekannter Satz der Friedensbewegung heißt:
„Stell dir vor, es ist Krieg,
und keiner geht hin."

Wie kannst du hier vielleicht sagen?
„Stell dir vor, es ist Krieg …

6 Auf den folgenden Seiten findest du viele Texte: Gedichte, Sätze usw.
Schreibe bitte in das Schema unten
– welche Texte *für* den Krieg sind
– welche Texte *gegen* den Krieg sind
– welche Texte *für* Aufrüstung sind
– welche Texte *gegen* Aufrüstung sind.

Text Nr.	für den Krieg	gegen den Krieg	für Aufrüstung	gegen Aufrüstung	weiß nicht	woran hast du gesehen, was für ein Text es ist?
1						
2						
3						
4						
5						
6						
7						
8						
9						
10						
11						
12						
13						
14						
15						
16						
17						
18						

Welche 5 Texte sind die besten?

Herausforderung Bundeswehr.

Unteroffizier sein. Mit Menschen unterschiedlicher Nationalitäten zusammenarbeiten. Im In- und Ausland. Das heißt schon was. Reizt Sie die Teamarbeit in der internationalen Atmosphäre eines NATO-Stabes? Oder sonst eine interessante Aufgabe bei der Bundeswehr? Packen Sie Probleme an? Dann sind Sie unser Mann. Zugegeben: Wir verlangen viel. Aber wir bieten auch viel. Erfüllung im Beruf und die Gewißheit, etwas Sinnvolles zu tun für den Frieden. Nehmen Sie diese Herausforderung an? Und wollen Sie sich für mindestens vier Jahre verpflichten? Dann schicken Sie den Coupon an Oberstleutnant Rudolf Bruch, Streitkräfteamt, Postfach 140 189, 5300 Bonn 1. Einstellungen zu jedem Quartalsbeginn.

**Die Bundeswehr.
Hundert Chancen und ein Ziel: der Frieden**

1 Krieg hat nur 1 Ergebnis 2 Verlierer

Aktuelle Bilanz

ein Panzer kostet soviel
wie eine moderne Schule

jeder fünfte Mensch
auf unserem Planeten
ist noch Analphabet

ein atomgetriebenes U-Boot kostet soviel
wie 120 Krankenhäuser

eineinhalb Billionen wurden 1979
für Aufrüstung ausgegeben
1981 sind es noch viel mehr

eine halbe Million Forscher
sind zur Zeit auf unserem Planeten
damit beschäftigt neue Todeswaffen
zu erfinden

Todeswaffen
die auch dich
töten werden
wenn du
untätig bleibst

Aldona Gustas

Johannnes Trojan Die Einquartierung

Soldaten reiten vor das Haus
und fordern sich Quartier.
Wie schmuck und prächtig sehn sie aus
in blanker Waffenzier!

Den Knaben rufen sie heran
und setzen ihn auf's Pferd.
Seht nur, wie gut er reiten kann,
ihm fehlt nur noch das Schwert.

Geduld! Noch eine kurze Zeit,
dann fehlt auch das nicht mehr,
dann trägst du auch das Waffenkleid
und führst die scharfe Wehr.

Die weiße Taube – das Symbol der internationalen Friedensbewegung

Es gibt viel zu tun, packen wir's an!

Entweder wir schaffen die Rüstung ab, oder die Rüstung schafft uns ab.
(Helmut Gollwitzer)

Helm ab zum Nachdenken!

SCHWERTER ZU PFLUGSCHAREN

Der Krieg ist der Vater aller Dinge.
Heraklit

Die Attacke.
Der Kommandant: Mir nach! Mir nach!
Attacke blasen!! Der Feind wird schwach!
Er hat sich zum Rückzug besonnen —
Wir haben den Weltkrieg gewonnen!

Wir werden siegen.

aus deutschen Kinderbüchern um 1915

77

7 Buttons oder Aufkleber

Zum Thema „Krieg und Frieden" gibt es viele Buttons und Aufkleber.
Entwerft jetzt bitte selber einen.
Vielleicht helfen euch die Ideen auf dieser Seite.
Aber ihr könnt auch etwas ganz Neues entwerfen.
Fertige Produkte bitte an die Wand hängen!

SEI NETT ZU MIR! STREIT? FRIEDLICHER MENSCH! NICHT MIT MIR!

SCHIMPFEN? VORSICHT!

NEIN DANKE!

SEI NETT ZU MIR!
NICHT MIT MIR!

19 Buchstabensalat 2

Mach diese Aufgabe mit deinem Nachbarn. Jeder von euch hat vom Lehrer einen Satz bekommen. Du mußt den Satz deines Partners raten.
Du weißt:
– der Satz besteht aus fünf Wörtern,
– du kennst den Satz (du hast ihn schon in diesem Buch gelesen),
– du kennst alle Buchstaben des Satzes.

Beispiel:

Satz 1   AAABCCCEEEEEHHHHIIIKMNNNÖRSST

Satz 2   AACDDEEEEGHHHHIIIMNNÖRRTTTT

Rate zuerst ein Wort. Denk daran, welche Buchstaben du kombinieren kannst. Wie ist das zum Beispiel mit dem „C"? Du darfst 16mal raten. Jedesmal, wenn du falsch geraten hast, zeichnet dein Nachbar ein Stückchen Gefängnis. Wenn das Gefängnis fertig ist, hast du verloren.

20 Literaturkritik

Die Arbeitsblätter in diesem Buch können demnächst ein wenig verändert werden. Aber nicht der Lehrer soll die Texte und Aufgaben ändern, sondern da sollst du mithelfen und die andern, die mit den Kapiteln gearbeitet haben.
Wir haben hier acht Texte. Schau sie dir gut an. Such dir fünf Texte heraus, die dir besonders gut gefallen. Du schlägst vor, sie in der nächsten Textsammlung zu drucken. Der Verlag will aber nur dann fünf neue Texte aufnehmen, wenn fünf andere herausgenommen werden.
Deshalb folgende Fragen:
Welche fünf Texte aus den bisherigen Kapiteln haben dir am wenigsten gefallen und sollen in der nächsten Auflage nicht mehr gedruckt werden?
Welche fünf Texte sollen an ihre Stelle kommen?
Hier sind die acht neuen Texte zur Auswahl:

Markierung einer Wende

1944	1945
krieg	krieg
krieg	krieg
krieg	krieg
krieg	krieg
krieg	mai
krieg	
krieg	
krieg	
krieg	
krieg	
krieg	

Ernst Jandl

Frage

Mein Großvater starb
an der Westfront;
mein Vater starb
an der Ostfront: an was
sterbe ich?

Volker von Törne

Gespenstergeschichte

Eines Nachts, als Frau Scholl allein zu Hause war, hörte sie im Estrich Schritte. Zuerst tat sie so, als merke sie nichts, aber als die Schritte nicht aufhörten, wurde es ihr unheimlich, es konnte schließlich ein Einbrecher sein. Da faßte sie sich ein Herz, nahm die Pistole ihres Mannes aus dem Nachttischchen, stieg die Treppe hinauf, öffnete vorsichtig die Tür, drückte ganz rasch auf den Lichtschalter und rief: »Hände hoch!«
Aber ihre Angst war umsonst gewesen. Es waren nur zwei Füße, die langsam auf dem Estrichboden hin- und hergingen.

Franz Hohler

Die Maßnahmen

Die Faulen werden geschlachtet
die Welt wird fleißig

Die Häßlichen werden geschlachtet
die Welt wird schön

Die Narren werden geschlachtet
die Welt wird weise

Die Kranken werden geschlachtet
die Welt wird gesund

Die Traurigen werden geschlachtet
die Welt wird lustig

Die Alten werden geschlachtet
die Welt wird jung

Die Feinde werden geschlachtet
die Welt wird freundlich

Die Bösen werden geschlachtet
die Welt wird gut

Erich Fried

Rotes Licht

Ein Neger wurde in einer Stadt im Staate Mississippi von der Polizei verhaftet, weil er bei rotem Licht über die Straße gegangen war.
Gefragt, warum er nicht gewartet habe, bis grünes Licht gekommen sei, erklärte er: „Ich sah die weißen Leute bei grünem Licht über die Straße gehen. Da dachte ich, das rote Licht sei das Zeichen für uns schwarze Leute."
Der Richter sprach ihn frei.

Frederik Hetmann

Die Stadt

Am grauen Strand, am grauen Meer
Und seitab liegt die Stadt;
Der Nebel drückt die Dächer schwer,
Und durch die Stille braust das Meer
Eintönig um die Stadt.

Es rauscht kein Wald, es schlägt im Mai
Kein Vogel ohn Unterlaß;
Die Wandergans mit hartem Schrei
Nur fliegt in Herbstesnacht vorbei,
Am Strande weht das Gras.

Doch hängt mein ganzes Herz an dir,
Du graue Stadt am Meer;
Der Jugend Zauber für und für
Ruht lächelnd doch auf dir, auf dir,
Du graue Stadt am Meer.

Theodor Storm

```
          ecke Ste
           ein dein
     hwert.Schwert Schwe
     der wieder wieder w
     n an an an an an an a
       seinen seinen seinen    seinen seinen   n an
       latz Platz Platz Plat                   sein
                                                latz
  Denn Denn Denn Denn Denn Denn Denn
  die die die die die die die die die die
  zum zum zum zum zum zum zum zum zum zum
  ert Schwert Schwert Schwert Schwert Sc
  en greifen greifen greifen greifen g
  'sollen'sollen'sollen'sollen'solle
  durchs durchs durchs durchs durc
  Schwert Schwert Schwert Schwer
    umkommen umkommen umkommen u
  • • • • • • • • • • • • • • • •
```

Claus Brehmer

In der Apotheke

VALENTIN: Guten Tag, Herr Apotheker.
KARLSTADT: Guten Tag, mein Herr, Sie wünschen?
VALENTIN: Ja, das ist schwer zu sagen.
KARLSTADT: Aha, gewiß ein lateinisches Wort?
VALENTIN: Nein, nein, vergessen hab ichs.
KARLSTADT: Na ja, da kommen wir schon drauf, haben Sie kein Rezept?
VALENTIN: Nein!
KARLSTADT: Was fehlt Ihnen denn eigentlich?
VALENTIN: Nun ja, das Rezept fehlt mir.
KARLSTADT: Nein, ich meine, sind Sie krank?
VALENTIN: Wie kommen Sie denn auf so eine Idee. Schau ich krank aus?
KARLSTADT: Nein, ich meine, gehört die Medizin für Sie oder für eine andere Person?
VALENTIN: Nein, für mein Kind.
KARLSTADT: Ach so, für Ihr Kind. Also, das Kind ist krank. Was fehlt denn dem Kind?
VALENTIN: Dem Kind fehlt die Mutter.
KARLSTADT: Ach, das Kind hat keine Mutter?
VALENTIN: Schon, aber nicht die richtige Mutter.
KARLSTADT: Ach so, das Kind hat eine Stiefmutter.
VALENTIN: Ja, ja, leider, die Mutter ist nur stief statt richtig, und deshalb muß sich das Kind erkältet haben.
KARLSTADT: Hustet das Kind?
VALENTIN: Nein, es schreit nur.
KARLSTADT: Vielleicht hat es Schmerzen?
VALENTIN: Möglich, aber es ist schwer. Das Kind sagt nicht, wo es ihm weh tut. Die Stiefmutter und ich geben uns die größte Mühe. Heut hab ich zu dem Kind gesagt, wenn du schön sagst, wo es dir weh tut, kriegst du später mal ein schönes Motorrad.
KARLSTADT: Und?
VALENTIN: Das Kind sagt es nicht, es ist so verstockt.
KARLSTADT: Wie alt ist denn das Kind?
VALENTIN: Sechs Monate alt.
KARLSTADT: Na, mit sechs Monaten kann doch ein Kind noch nicht sprechen.
VALENTIN: Das nicht, aber deuten könnte es doch, wo es die Schmerzen hat, wenn schon ein Kind so schreien kann, dann könnts auch deuten, damit man weiß, wo der Krankheitsherd steckt.
KARLSTADT: Hats vielleicht die Finger immer im Mund stecken?
VALENTIN: Ja, stimmt!
KARLSTADT: Dann kriegt es schon die ersten Zähne.
VALENTIN: Von wem?
KARLSTADT: Na ja, von der Natur.
VALENTIN: Von der Natur, das kann schon sein, da brauchts aber doch net schrein, denn wenn man was kriegt, schreit man doch nicht, dann freut man sich doch. Nein, nein, das Kind ist krank und meine Frau hat gesagt: Geh in d'Apothekn und hol einen ...?
KARLSTADT: Kamillentee?
VALENTIN: Nein, zum Trinken ghörts nicht.
KARLSTADT: Vielleicht hats Würmer, das Kind?
VALENTIN: Nein, nein, die tät man ja sehn.
KARLSTADT: Nein, ich mein innen.
VALENTIN: Ja so, innen, da haben wir noch nicht reingschaut.
KARLSTADT: Ja, mein lieber Herr, das ist eine schwierige Sache für einen Apotheker, wenn er nicht erfährt, was der Kunde will!
VALENTIN: D'Frau hat gsagt, wenn ich den Namen nicht mehr weiß, dann soll ich an schönen Gruß vom Kind ausrichten, von der Frau vielmehr, und das Kind kann nicht schlafen, weils immer so unruhig ist.
KARLSTADT: Unruhig? Da nehmen Sie eben ein Beruhigungsmittel. Am besten vielleicht: Isopropilprophemilbarbitursauresphenildimethildimenthylaminophirazolon.

VALENTIN: Wie heißt das?
KARLSTADT: Isopropilprophemilbarbitursauresphenildimethildimenthylaminophirazolon.
VALENTIN: Jaaaa! Des is! So einfach, und man kann sichs doch nicht merken!

Karl Valentin

Bei deiner Beurteilung kannst du an folgende Punkte denken:
– Ist der Text originell? – Ist der Text nicht zu schwierig? – Sagt mir der Text etwas? – Macht es Spaß, diesen Text zu lesen, mit ihm weiter zu arbeiten?
– Wie findest du die Sprache, den Stil? – Denkst du, daß der Text auch für andere Leser interessant ist? – usw.

Diese fünf neuen Texte gefallen mir am besten:

1._____
2._____
3._____
4._____
5._____

Diese fünf Texte haben mir am wenigsten gefallen:

1._____
2._____
3._____
4._____
5._____

Das sind die Vorschläge unserer Gruppe:

Besprecht eure Vorschläge jetzt in Dreier- oder Vierergruppen. Einigt euch auf fünf neue Texte und auf fünf Texte, die gestrichen werden sollen. Begründet eure Meinung!

Neue Texte:

1._____
2._____
3._____
4._____
5._____

Texte, die nicht mehr gedruckt werden sollen:

1._____
2._____
3._____
4._____
5._____

Schickt ihr uns eure Vorschläge? Schreibt bitte an folgende Adresse: Langenscheidt Verlag
    Postfach 401120
    D-8000 München 40
Wir werden euch bestimmt antworten!

Worterklärungen zu den Texten

1 Wortspiele 1

entwerfen: *hier:* machen; **die Zeitschrift:** *hier:* Magazin, Illustrierte; **gefallen:** mögen, schön finden

2 Ein schwieriger Kunde

der Kunde: jemand, der etwas kauft oder kaufen will; **ausfüllen:** *hier:* in den Kasten schreiben; **die Ansichtskarte:** Postkarte mit Bild; **gefallen:** mögen, schön finden; **knallhart:** sehr hart; **blöd:** dumm; **stimmen:** richtig sein;

der Turm

3 Ichleseduliesterliestsieliest

der nächste: *hier:* der folgende; **geschehen:** stattfinden, passieren;

raus: **rein:**

schießen

4 Überraschungen an Ostern und Pfingsten

Ostern: Fest: Jesus ist auferstanden; **Pfingsten:** Fest: Jesus schickte den Heiligen Geist; **der Osterpostillion:** *hier:* bringt „Post" zu Ostern; **aus Spaß:** weil man sich darüber freut; **der Spatz:** kleiner, grauer Vogel; **sich grün und blau ärgern:** böse sein über etwas; **die Erfolglosigkeit:** ohne gutes Resultat; **neidisch sein:** wenn man etwas dagegen hat, daß einer etwas hat, was man selbst nicht hat; **das Grashälmlein:** kleiner Grashalm; **der Fenstersims:** *auf dem Fenstersims stehen z. B. die Blumen vor dem Fenster;* **wegwischen:** *hier:* mit der Hand wegmachen; **der Erwachsene:** *Kinder:* von 0 – ca. 12 Jahre; *Jugendliche:* von 13 – ca. 17 Jahre; *Erwachsene:* ab ca. 18 Jahre; **Schallplatten:** LP's

5 Wörter raten

raten: etwas durch Fragen herausfinden; **der Nachbar:** die Person, die neben dir sitzt (wohnt); **der Buchstabe:** *a, b, c usw. sind Buchstaben;* **der Vokal:** *u, o, a, e, i;* **der Konsonant:** *b, d, f, p, t usw.;* **das Gefängnis:** ein Krimineller kommt ins Gefängnis

6 In der Disco

bei diesem Lärm: wenn es so laut ist; **furchtbar:** schrecklich; **für unser Alter:** für Leute, die so alt sind wie wir; **schlimm:** *hier:* schlecht, unangenehm; **der Walzer, der Tango:** klassische, konservative Tänze; **das Geräusch:** etwas, was man hören kann

7 Ein Nachbar sagt

zerschnitten: *hier:* mit einem Messer kaputtgemacht; **beobachten:** genau sehen; **wählen:** es gibt z.B. mehrere Wege oder Vorschläge oder Beispiele usw.: du nimmst einen oder eins davon; **die Wahrheit:** *hier:* das, was wirklich war; **einsperren:** *hier:* jemand in seinem Zimmer einschließen; der kann nicht mehr heraus; **der Gehorsam:** wenn man tut, was der Chef, der Vater usw. will; **Gehorsam sich zu eigen machen:** *hier:* gehorsam sein; **schweigen:** nichts sagen; **die Alten:** *hier:* die Erwachsenen;

der Reifen

10 Alexander der Große

der Schatten: was man von dem Pferd auf dem Boden als schwarzen ~ sieht, wenn die Sonne scheint; **blitzschnell:** sehr schnell; **das Königreich:** das Land, das einem König gehört; **die Ermordung:** jemand wird getötet; **das Heer:** alle Soldaten; **der Orakelspruch:** das Orakel saß in Delphi und sagte die Zukunft voraus; **der Fluß:** z.B. der Rhein, die Donau, die Seine; **die Leiche:** *hier:* der tote Körper von Alexander: **die Arznei:** Medikament;

der Knoten   **das Schwert**

11 Wer ist das?

in Ordnung: O.K.; **berühmt:** viele Leute kennen ihn; **erscheinen:** *hier:* es kommen neue Bücher; **der Schneider:** jemand, der Kleider macht; **geschwind:** sehr schnell; **entschreiten:** *das Wort gibt es so nicht im Deutschen; es heißt hier:* weggehen; **der Hausaltar:** Stelle im Haus, wo man beten kann; **die Schinkengrieben:** Stücke vom Schinken; **aufrecken:** *hier:* aufstehen;

am Daumen lutschen

12 Dürfen und müssen

Fratzen schneiden: komische Gesichter machen; **der Mond:** scheint nachts und kreist um die Erde; **die Rente:** davon leben alte Leute, die nicht mehr arbeiten; **bändigen:** zum Gehorsam bringen; **der Kanzler:** Regierungschef; **der Unternehmer:** Direktor einer Fabrik; **der Rasen:** grünes Gras im Garten; **der Biber:** Tier, das Dämme und Wohnungen in Flüssen baut; **nagen:** z.B. Mäuse ~ an einem Stück Käse; **Schappi:** Hundefutter

13 Immer nur das Eine

tatsächlich *(verstärkt den Inhalt des Satzes:)* wirklich;
Beispiele für die Konjunktionen auf S. 44: *denn:* er kommt nicht, **denn** er ist krank; *sondern:* nicht weiß, **sondern** schwarz

14 Indianergeschichte

in die ewigen Jagdgründe schicken: töten; **abschütteln:** loswerden; **die Schlucht:** tiefes, enges Tal; **erbittert:** *hier:* sehr hart, sehr stark; **Atem**

schöpfen: *hier:* wieder ruhig werden; **der Sieger:** derjenige, der gewinnt; **die Übermacht:** die andere Partei ist viel stärker; **die Sporen geben:** das Pferd treten, damit es schneller läuft; **entkommen:** fliehen; **feuern:** schießen; **nachsetzen:** jemanden (ver-)folgen; **auf Schußweite:** so nah, daß man den Indianer mit dem Gewehr treffen kann; **übel dran sein:** in einer schlechten Lage sein

15 Wortspiele 3

verdeutlichen: *hier:* visuell zeigen; **darstellen:** zeigen; **Zettel:** kleines Stück Papier

16 Für Kinder und Jugendliche verboten

schlürfen: *hier:* laut die Suppe in den Mund hineinziehen; **stochern:** *hier:* mit dem Finger oder dem Bleistift in den Zähnen herumstoßen; **das Musterkind:** das ideale Kind, das sich alle Eltern wünschen; **erfinden:** *hier:* finden, ausdenken; **mies:** sehr schlecht

17 Zeitungsanzeigen

die Anzeige: Annonce; **die Miete:** was man dem Hausbesitzer monatlich zahlt; **der Mieter:** derjenige, der die Miete bezahlt; **der Koch:** macht das Essen; **das Hochhaus:** großes Haus, in dem viele Wohnungen sind; **der Beutel:** Portemonnaie; **das Klavier:** Piano; **das Geländer:** daran hält man sich fest, wenn man auf einer Treppe nach oben oder nach unten geht; **vergnügt:** lustig; **pfeifen:** den Mund zu einer engen runden Öffnung machen und dadurch einen Laut geben; **die Behausung:** da, wo man wohnt; **stinklangweilig:** sehr langweilig; **der Flur:** Korridor; **zum Luftschnappen:** um frische Luft zu bekommen; **das Erdgeschoß:** Parterre; **der Wellensittich:** kleiner Vogel aus der Familie der Papageien, als Haustier sehr beliebt; **spendieren:** schenken; **sträuben:** *hier:* die Haare stellen sich hoch; **kreischen:** laut schreien; **Lotterpack und Gesindel:** *das sind Beschimpfungen;* **die Schadenfreude:** hat man, wenn man sich über das Unglück anderer freut; **der Schutt:** (Bau)abfall; **mies:** sehr schlecht; **der Kannacke:** *hier:* Schimpfwort für Leute aus dem Balkan; **erwähnen:** von etwas sprechen

18 Krieg und Frieden

die (Auf)rüstung: es wird eine Armee aufgebaut und Waffen zur Verteidigung bereitgestellt; **die Pflugschar:** mit der Pflugschar am Pflug gräbt der Bauer die Erde um; **Attacke blasen:** die Trompete zum Angriff blasen; **besonnen:** *hier:* entschieden; **das Waffenkleid tragen:** *hier:* Waffen bei sich haben; **die scharfe Wehr führen:** *hier:* im Krieg dabeisein, angreifen

20 Literaturkritik

verhaften: festnehmen; die Polizei ~et den Gangster; **faul:** das bist du, wenn du immer wieder nichts machen willst; **schlachten:** z. B. Kühe und Schweine zum Essen töten; **gewiß:** sicher, bestimmt; **schreien:** ein Baby schreit, weint laut; **der Schmerz, die Schmerzen:** die hast du, wenn du von der Treppe gefallen bist; **sich Mühe geben:** sich anstrengen, sein Bestes tun; **verstockt:** sagt kein Wort; **deuten:** zeigen; **wenn er nicht erfährt:** wenn er nicht hört; **das Beruhigungsmittel:** Medizin, um ruhig zu werden;

Würmer

Quellenverzeichnis der Texte

S. 9 Ekkehard Müller, Ein schwieriger Kunde *aus:* „Menschen um Müller", Ernst Klett Verlag, Stuttgart 1978

S. 12 Ernst Jandl, fünfter sein *aus:* „Der künstliche Baum", © 1970 Hermann Luchterhand Verlag, Darmstadt und Neuwied

S. 13 Manfred Hausin, schlechter lehrer *aus:* „Betteln und Hausin verboten", davidsdrucke, Göttingen 1982; Fritz Viebahn, Zukunftsproblem *aus:* Rudolf Otto Wiemer „bundesdeutsch", Peter Hammer Verlag, Wuppertal 1974; Rudolf Steinmetz, Konjugation *aus:* Rudolf Otto Wiemer „bundesdeutsch", Peter Hammer Verlag, Wuppertal 1974; Timm Ulrichs „denk-spiel", mit frdl. Gen. des Autors; W. Butzkamm, Wer bist du?; Du gehst aus, mit frdl. Gen. des Autors; Matthias Schreiber, Demokratie, mit frdl. Gen. des Autors

S. 16, 17 Franz Hohler, Der Pfingstspatz, mit frdl. Gen. des Autors

S. 19 Nach einer Idee von Ekkehard Müller aus: „Menschen um Müller", Ernst Klett Verlag, Stuttgart 1978, „Im Beatschuppen"

S. 20, 21 Elisabeth Borchers, Ein Nachbar sagt *aus:* „Pfingsten und andere Tage", Suhrkamp Verlag, Frankfurt, mit frdl. Gen. der Autorin; Jochen Unbehaun *aus:* „Poesiekiste", Rowohlt Taschenbuch Verlag, Reinbek, mit frdl. Gen. des Autors

S. 24 Burckhard Garbe, baum, schlafzimmer *aus:* „ansichtssachen", Wolfgang Fietkau Verlag, Berlin; Burckhard Garbe, Stadt *aus:* sta(a)tus quo. Ansichten zur Lage. Visuelle Texte und Collagen 1972–1982. Edition Herodot (Sage & Schreibe 2), Göttingen 1982, mit frdl. Gen. des Autors

S. 28, 33 James Krüss, Der Kaiser Alexander *aus:* „Der wohltemperierte Leierkasten", © 1961 C. Bertelsmann Verlag GmbH, München

S. 38 Friedrich Karl Waechter, Die Geschichte von den Daumenlutschern *aus:* F. K. Waechter: „Der ANTI-STRUWWELPETER oder listige Geschichten und knallige Bilder", © 1982 by Diogenes Verlag AG, Zürich

S. 40 Josef Reding, Merkwürdig verschobene Welt *aus:* „Ach-und-Krach-Texte", Engelbert-Verlag, Balve 1983, Copyright by Josef Reding, Dortmund, mit frdl. Gen. des Autors

S. 47 Frederik Hetmann, Auszug *aus:* „Aus dem Jenseits", mit frdl. Gen. des Autors

S. 51, 52 Renate Welsh, löwenzahn, Der Krieg, mein Haus, mit frdl. Gen. der Autorin *aus:* „Das Sprachbastelbuch", Verlag Jugend und Volk, Wien–München, © Copyright 1975 des Gesamtwerkes by Jugend und Volk

S. 53 Burckhard Garbe, tor, *aus:* sta(a)tus quo. Ansichten zur Lage. Visuelle Texte und Collagen 1972–1982. Edition Herodot (Sage & Schreibe 2), Göttingen 1982, mit frdl. Gen. des Autors; Burckhard Garbe, mannfrau *aus:* „ansichtssachen", Wolfgang Fietkau Verlag, Berlin; Ernst Jandl, ebbe/flut, wie S. 12; Timm Ulrichs, ebbeflut, mit frdl. Gen. des Autors

S. 54 Renate Welsh, unsere welt, widerstand, wie S. 51; Timm Ulrichs, ordnung–unordnung mit frdl. Gen. des Autors; Ernst Jandl, vorfahre und nachkomme, ich, wie S. 12; Reinhard Döhl, apfel, mit frdl. Gen. des Autors

S. 55 Burckhard Garbe, vor lauter bäumen *aus:* „ansichtssachen", Wolfgang Fietkau Verlag, Berlin

S. 57, 58 Hans Manz, Katharina *aus:* H. J. Gelberg, Hrsg.: „Die Stadt der Kinder", © 1982/2 Georg Bitter Verlag, Recklinghausen

S. 62 Susanne Kilian, Kindsein ist süß? *aus:* „NEIN-Buch für Kinder: Hinterher ist man schlauer". Bilder & Geschichten & Texte von Günther Stiller & Susanne Kilian. Beltz Verlag, Weinheim und Basel 1972. Programm Beltz & Gelberg

S. 68 Hanna Hanisch, Wohnung zu vermieten *aus:* „Der fliegende Robert". 4. Jahrbuch der Kinderliteratur. Hrsg. von Hans-Joachim Gelberg. Beltz Verlag, Weinheim und Basel 1977. Programm Beltz & Gelberg

S. 76 Aldona Gustas, Aktuelle Bilanz *aus:* „Frieden: Mehr als ein Wort", Rowohlt Verlag, Reinbek, mit frdl. Gen. der Autorin; „1 Krieg...", © Gemeinsames Sonderheft 1983 der pädagogischen Zeitschriften des Friedrich Verlages, Seelze; Johannes Trojan, Die Einquartierung in „Gold'ne Jahre". Mit Illustrationen von Rudolf Geissler, Stuttgart 1887

S. 77 „Es gibt viel zu tun", „Schwerter zu Pflugscharen", Friedrich Verlag, wie S. 76; „Helm ab", *aus:* „Ohne Dings kein Bums" Hrsg. Eduard Moriz, Eichborn Verlag, Hamburg; „Entweder wir..." Kopf eines Flugblattes der Friedensinitiative St. Georg 1981

S. 78 Friedrich Verlag, wie S. 76

S. 80 Ernst Jandl, „Markierung einer Wende", wie S. 12; Volker von Törne, Frage *aus:* „Im Lande Vogelfrei" Gesammelte Gedichte. Quartheft 115, Wagenbach, Berlin 1981; Franz Hohler, Gespenstergeschichte, mit frdl. Gen. des Autors

S. 81 Erich Fried „Die Maßnahmen", Claassen Verlag, Düsseldorf; Frederik Hetman „Rotes Licht" mit frdl. Gen. des Autors; Claus Brehmer *aus:* „Anlässe". Kommentierte Poesie 1949 bis 1969, mit frdl. Gen. des Autors

S. 82 Karl Valentin „In der Apotheke" *aus:* „Sturzflüge im Zuschauerraum". Der gesammelten Werke anderer Teil, Piper München 1969

Quellenverzeichnis der Illustrationen

S. 5 Friedrich Karl Waechter, mut, Angsthase *aus:* „Opa Huckes Mitmachkabinett, Beltz Verlag, Weinheim und Basel 1976. Programm Beltz & Gelberg; Gerri Zotter, unordnung, heben, verlassen mit Genehmigung des Autors *aus:* „Das Sprachbastelbuch", Verlag Jugend und Volk, Wien–München, © Copyright 1975 des Gesamtwerkes by Jugend und Volk

S. 6 Friedrich Karl Waechter, Heiligabend, wie S. 5; Gerri Zotter, Automobil, Luftballon, Fallen, wie S. 5

S. 7 Yves de Smet, FORK, mit frdl. Gen. des Autors

S. 11 Hameln, Cramers Kunstanstalt, Dortmund; „Münchner Kindl", Fotoverlag Huber, Garmisch-Partenkirchen; Schloß Neuschwanstein, Fritz Witzig, München; Regensburg, Schöning & Co. + Gebrüder Schmidt GmbH, Lübeck

S. 12, 13 Erich Rauschenbach *aus:* „Ich bin schon wieder erster" mit frdl. Gen. des Autors

S. 14 K. F. Edmund von Freyhold *aus:* „Hasenbuch", © Insel Verlag, Frankfurt am Main 1960

S. 23 Friedrich Karl Waechter, Regen, wie S. 5

S. 24 Friedrich Karl Waechter, Hund, wie S. 5

S. 42, 43, 45 Erich Rauschenbach, Immer nur das Eine, *aus:* „Oh, Tochter", rotfuchs 231 Copyright © 1979 by Rowohlt Taschenbuch Verlag GmbH, Reinbek

S. 46, 50 Jan P. Schniebel „Indianergeschichte", © by Rowohlt Taschenbuch Verlag, GmbH, Reinbek

S. 51 Friedrich Karl Waechter, goliath, wie S. 5

S. 71, 72 Jobst Müller, Auf Wohnungssuche *aus:* TITANIC 8/82 mit frdl. Gen. des Autors

S. 76 Die Bundeswehr, mit frdl. Gen. des Streitkräfteamtes, Bonn